ମୃଗୟା

ମୃଗୟା

ଫନୀ ମହାଂତି

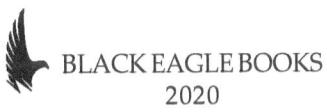

BLACK EAGLE BOOKS
2020

BLACK EAGLE BOOKS

USA address:
7464 Wisdom Lane
Dublin, OH 43016

India address:
E/312, Trident Galaxy, Kalinga Nagar,
Bhubaneswar-751003, Odisha, India

E-mail: info@blackeaglebooks.org
Website: www.blackeaglebooks.org

First International Edition Published by
BLACK EAGLE BOOKS, 2020

MRUGAYA
by **Phani Mohanty**

Copyright © **Phani Mohanty**

All rights reserved. No part of this publication may be reproduced, stored in a retrieval system, or transmitted, in any form or by any means, electronic, mechanical, photocopying, recording or otherwise without the prior permission of the publisher.

Cover & Interior Design: Ezy's Publication

ISBN- 978-1-64560-112-8(Paperback)

Printed in United States of America

ପ୍ରୀତମ୍ ଓ ପ୍ରମୀତ୍ଙ୍କୁ....

କାବ୍ୟକ୍ରମ

ଘାଟ	୧୩
କୋଉଠି ଅଛ ଯେ	୧୭
ଭୟ କାହାକୁ	୧୯
ପ୍ରେମିକ	୨୧
ଦୃଶ୍ୟ ଦୃଶ୍ୟାଂତର	୨୪
ବାନପ୍ରସ୍ଥ	୨୬
ଦୁର୍ବୃତ୍ତ	୩୧
ଥରେ ଯିବ କି	୩୪
ଶ୍ରାବଣ ଆସୁଛି	୩୮
ଶେଷବେଳା	୪୦
ବିଦାୟ	୪୪
ଏବେ ନୁହେଁ	୪୬
ଶ୍ରୀ ଠାକୁରାଣୀ	୪୮
ଭିଡ଼ ଭିତରେ	୫୧
ଦିନେ ରାତିରେ	୫୪
ବାଟ ଛାଡ଼	୫୭
ପ୍ରିୟମୋର	୬୦
ପାହାଚ	୬୩
ଅଶୁଭ ବେଳା	୬୬
ପର୍ବ	୬୮
ଉଦାସ	୭୦
କିଏ ତମେ	୭୨
ମୃଗୟା	୭୬
ଅତିଥି	୮୩
ଚରିତ୍ରହୀନ	୯୩
ଉଠ ଦେବୀ	୧୦୯
ସେ ଦୁହେଁ ଆସିଲା ପରେ	୧୧୧
ବସ୍ତ୍ରହରଣ	୧୧୫
ଅବସର	୧୧୮

ପ୍ରସ୍ତାବନା

ନିଜ କଥା : କବିତାର କଥା

ମାଟି କାଦୁଆ କାନ୍ଥର ଚାଳ ଛପର ଦୋପରି ଘରେ, ପୋଲାଙ୍ଗ ତେଲରେ ମିଞ୍ଜିମିଞ୍ଜି ଜଳୁଥିବା ଦୀପ ଆଲୁଅରେ ମୋ ପିଲାଦିନ କଟିଥିଲା ଅବିଭକ୍ତ ପୁରୀ ଜିଲ୍ଲା ଓ ସମ୍ପ୍ରତି ଖୋର୍ଦ୍ଧା ଜିଲ୍ଲାର ଫକୀରପଡ଼ା ଗାଁରେ । ମୁଁ ସାତ ଆଠ ବର୍ଷର ହୋଇଥିଲାବେଳେ ମୋ ବାପାଙ୍କର ମସ୍ତିଷ୍କ ଜ୍ୱରରେ ଅଚାନକ ଦେହାନ୍ତ ହୋଇଗଲା । ବାପ ଛେଉଣ୍ଡ ପିଲାଟିକୁ କାହିଁକି ଯେ' ମୋ ଗାଁର ବଡ଼ବାପା, ବଡ଼ମାଆ, ଦାଦା ଖୁଡ଼ୀ, ଭାଇ ଭାଉଜମାନେ ଏତେ ବେଶୀ ଭଲ ପାଉଥିଲେ ତା'ର ଗୁଢ଼ ରହସ୍ୟ ଏଯାଏଁ ମୁଁ ବୁଝି ପାରିଲିନି । ମୋର ବାଲ୍ୟ ଓ କୈଶୋର ସମୟ ସେଇ କାଦୁଅ ପଚପଚ ଅନ୍ଧାରିଆ ଗାଁ ଦାଣ୍ଡରେ କଟିଥିଲା ଯେଉଁଠି ନିତି ସଞ୍ଜରେ ଆମ ଗାଁର ଇଷ୍ଟଦେବ ଶ୍ରୀରାଧାମୋହନଙ୍କ ଅଧା ଭଙ୍ଗା ଅଧା ଗଢ଼ା ଚୂନ ଛଡ଼ା ମନ୍ଦିର ବେଢ଼ାରେ ବସି ମୋ ଜେଜେବାପାଙ୍କ ମୁହଁରୁ ଭାଗବତ ବାଣୀ ଶୁଣୁଥିଲି ପରମ ଆଗ୍ରହରେ । କାର୍ତ୍ତିକ ସକାଳେ ବନ୍ଧୁ ପୂଝାରୀଙ୍କ ହାତ ରନ୍ଧା ହଳଦୀ ମୁଗ ଗୁରୁଗୁରୁ ପହିଲି ଖେଚୁଡ଼ି ଭୋଗ କଅଁଳ ଛନଛନ ସାରୁ ପତରରେ ପିଲାଦିନର ସାଙ୍ଗସାଥିଙ୍କ ମେଳେ ମହାଆନନ୍ଦରେ ଖାଉଥିଲି, ଗାଁର ଉଚ୍ଚ ପିଣ୍ଡାରେ ବାପା ବଡ଼ବାପା ସମାନ ମୁରବୀ ମାନଙ୍କ ଗହଣରେ ରାମାୟଣ ଓ ମହାଭାରତର ଅଧ୍ୟାୟଟିଏ ପ୍ରତି

ରାତିରେ ଡିବି କି, ଲଣ୍ଠନ ଆଲୁଅରେ ସୁର ଦେଇ ପାଠ କରୁଥିଲି, ବାପାଙ୍କ ହାତଲେଖା ଗୀତିନାଟ୍ୟ, ପାଲା, ଦାସକାଠିଆର ମୁଖ୍ୟ ଭୂମିକାରେ ବେଶଭୂଷା ହୋଇ, ମୁହଁରେ ରଙ୍ଗ ବୋଳି କାଠ ପଟାର ମଞ୍ଚ ଉପରେ, ପେଟ୍ରୋମାକ୍ସର ଝିଲିମିଲି ଆଲୋକମାଳାରେ ଅଭିନୟ କରି ସମସ୍ତଙ୍କ ମନ ରଞ୍ଜାଉଥିଲି। ବାପା ଲେଖିଥିବା ଖଣ୍ଡ କାବ୍ୟ 'ସରଗଫଳ'ର ଧାଡ଼ିକି ଧାଡ଼ି ପ୍ରିୟଜନଙ୍କ ପାଖେ ମନ ଖୁସିରେ ଆବୃତ୍ତି କରୁଥିଲି, ଖୁଦୁରୁକୁଣୀ ଓଷା କି, ଗଣେଶ ଚତୁର୍ଥୀ କି, ସରସ୍ୱତୀ ପୂଜା ପାର୍ବଣରେ ପହଁରା ନ ଜାଣିବି ନୂଆ ଗାଡ଼ିରେ ପଶି ନାଲି, ନୀଳ, ଧଳା ରଙ୍ଗର କଇଁଫୁଲ ତୋଳି ଆଣୁଥିଲି। ଆମ୍ବ ବର ବାଉଁଶ ଓସ୍ତ ଗଛର ନିଘଞ୍ଚ ତୋଟାମାଳରେ ପିଲାଦିନର ସାଙ୍ଗସାଥିଙ୍କ ମେଳେ ଡାଳିମାକୁଡ଼ି ଖେଳରେ ମଜ୍ଜି ଯାଉଥିଲି, କାହା ବାରିରୁ କଞ୍ଚା କଦଳୀ, କଖାରୁ, କାହା ବିଲରୁ ଚୋପାଲଗା ଆଳୁ ଓ ଛନଛନିଆ କୋଶଳା ଶାଗ, ଧନିଆଁ ପତ୍ର, ମୂଳା ପିଆଜ ଚୋରି କରି ଆଣି ଗାଁ ସ୍କୁଲ ବାରିରେ ଭୋଜିଭାତ କରି ମସ୍‌ଗୁଲ୍‌ରେ ଦିନ କାଟୁଥିଲି, ଲାଲ ଟୁକୁଟୁକୁ ପାଚିଲା ଭଇଁଚି କୋଳି, ହଳଦି ଗୁରୁଗୁରୁ କଞ୍ଚା ସୁଆଦି ବରକୋଳି କି, ବଉଳ କୋଳି ଖାଇ ଭୋକ ମେଣ୍ଟାଉଥିଲି। ସେଇ ଅଖ୍ୟାତ ନିପଟ ମଫସଲି ଗାଁର ପ୍ରେମରେ ଏମିତି ଛନ୍ଦିଛାନ୍ଦି ହୋଇଯାଇଥିଲି ଯେ' ଗାଁ ଛାଡ଼ି ଦିନେ କୋଉଠି ମନ ଖୁସିରେ ରହିପାରୁ ନ ଥିଲି। ସେଇ ଗାଁରେ ମୁଁ ମୋ ପିଲାଦିନରୁ ଶିଖିଥିଲି ଭଲ ପାଇବା କ'ଣ ? ପ୍ରେମ କେମିତିକା ପଦାର୍ଥ ?

କେତେ ବର୍ଷ ପରେ ବର୍ଷ ବିତି ଗଲାଣି ଯା' ଭିତରେ। କେତେ ଉତ୍‌ଥାନ ପତନ, ଝଡ଼ ଝଞ୍ଜା, ସୁଖଦୁଃଖ, ବିରହ ଓ ବିଷାଦର ଘନଘଟା ବହି ଗଲାଣି ମୋ ଅର୍ଜିତ ସଂସାରରେ, ତଥାପି, ଭଲ ପାଇବାର ନିଶାରୁ ମୁଁ ମୁକୁଳି ପାରିନି। ଶତ୍ରୁମିତ୍ର, ପରଆପଣା ଭେଦାଭେଦ ନ ଜାଣି ଏବେ ବି ବାନ୍ଧି ହୋଇ ପଡ଼ୁଛି ଜୀବଜନ୍ତୁ, ପଶୁପକ୍ଷୀ, ମଣିଷ ଅମଣିଷଙ୍କଠାରୁ ଆରମ୍ଭ କରି ଶରତ ରାତିର ଜହ୍ନ ଆଲୁଅ, ତମାଳ ଲତା ଗହଳି ଭିତରୁ ଭାସି ଆସୁଥିବା ବଂଶୀସ୍ୱନ, ପୂନିଅଁ ରାତି ଅଧର ଲଉଡ଼ି ଖେଳର ମଧୁ ମୂର୍ଚ୍ଛନା, ମେଳଣ ପଡ଼ିଆର ହରିହର ଭେଟ, ଦୋଳବେଦୀରେ ଝୁଲୁଥିବା ରାଧାକୃଷ୍ଣଙ୍କ ଯୁଗଳ ମୂର୍ତ୍ତି ଓ ମେଣ୍ଢାକୁଡ଼ିଆ ପୋଡ଼ା ପୂର୍ବର ମନୋରମ ଦୃଶ୍ୟରେ। କି ଅପାର ଅବ୍ୟକ୍ତ ଆନନ୍ଦ ଭରି ରହିଛି ଆମରି ଏଇ ଦୃଶ୍ୟାଦୃଶ୍ୟ ଜଗତରେ ଆମ ଅଜ୍ଞାତସାରରେ ସତେ !

ନିରଳସ ନିଛକ ଭଲ ପାଇବାରୁ ହିଁ ତ କବିତାର ଆଦ୍ୟ ସ୍ଫୁରଣ, ନବ ଜନ୍ମ। ଭଲ ପାଇବା ଆମ ବର୍ତ୍ତମାନକୁ ଅତୀତ ସାଙ୍ଗେ ଯୋଡ଼େ। ଇତିହାସର ଅବରୁଦ୍ଧ କୋଠରିରୁ ମୁକ୍ତି ପାଇବା ପାଇଁ ବାଟ ଖୋଜେ। ସର୍ଜନଶୀଳତାରେ ତଲ୍ଲୀନ ହୋଇ

ରହିଥାଏ। ଅନୁଭବ, ଆବେଗ, ଆକର୍ଷଣ ପାଖେ ବନ୍ଧା ପଡ଼ି ରହିଥାଏ, ଯଦିଓ ବନ୍ଧନମୁକ୍ତ ଜୀବନଟିଏ ଜିଇବାକୁ ନିରବଚ୍ଛିନ୍ନଭାବେ କାବ୍ୟ ପୁରୁଷର ସଂଗ୍ରାମ ଅବ୍ୟାହତ ରହିଥାଏ। କିନ୍ତୁ, ସବୁ କବି କ'ଣ ସାରୋଳା କି, ଭୀମଭୋଇ ? କି ଜଗନ୍ନାଥ ଦାସ ? କ୍ୱଚିତ୍ ଭାଗ୍ୟବାନ କବି ସବୁ ଯୁଗରେ, ସବୁ କାଳରେ ଜନ୍ମ ନେଇ ଥାଆନ୍ତି ଯେଉଁମାନଙ୍କ ଭାଗ୍ୟରେ ସୂର୍ଯ୍ୟାସ୍ତ କେବେ ହୁଏ ନାହିଁ, କେବଳ ନୂଆ ନୂଆ ସୂର୍ଯ୍ୟୋଦୟ ହିଁ ହୋଇଥାଏ। ଏହା ସେମାନଙ୍କର ପ୍ରାରବ୍ଧ କି, ଏଇ ଜନ୍ମର ସୁକୃତ ତାହା ରୋକ୍‌ଠୋକ୍ ଭାବେ କହି ଦେବା ଏଡ଼େ ସହଜ ନୁହଁ।

ଯଶ ସମ୍ମାନ ସ୍ୱୀକୃତିପ୍ରାପ୍ତ ସବୁ କବି ଯେ' ଭଲପାଇବା କ'ଣ ବୁଝିଛନ୍ତି, ତାହା ମଧ୍ୟ ଭୁଲ। ଭଲ ପାଇବାର ମାର୍ମିକ ଅର୍ଥ ବୁଝି ନଥିବା କବି ନା, ତା' ଚାରିପାଖର ଦୃଶ୍ୟମାନ ବିଶ୍ୱକୁ ନା, ସ୍ଥାବର ଜଙ୍ଗମକୁ ନା, ସର୍ବାନ୍ତଃକରଣରେ ନିଜକୁ ବୁଝିବାକୁ ସମର୍ଥ ହୋଇଥାଏ। ମୁଖାପିନ୍ଧା ସଖା ପରି ସେ କେବଳ ନିଜର ବାହ୍ୟ, କୃତ୍ରିମ ଦୃଶ୍ୟପଟରେ ମୋହଗ୍ରସ୍ତ ହୋଇ ବାଗ୍‌ଦେବୀଙ୍କ ଅପାର କରୁଣା ପାଇବାକୁ ଜୀବନସାରା ଚେଷ୍ଟା କରୁଥାଏ। ସକଳ ଭୋଗ୍ୟବସ୍ତୁ କଳେବଳେ ହାସଲ କରି ସାରିବା ପରେ ବି' ଅକଥନୀୟ ନିଃସଙ୍ଗତା ଅସହାୟତା ବ୍ୟର୍ଥତା ଓ ଯନ୍ତ୍ରଣା ଭିତରେ ସାରା ଜୀବନକାଳ କଟେଇବାକୁ ବାଧ୍ୟ ହୋଇଥାଏ।

ଏହା ସତ୍ତ୍ୱେ ବି ଛୋଟବଡ଼ ସବୁ ଭାଗ୍ୟହୀନ କବି ନିଜ ନିଜର ନିରୁତା ଅନୁଭବ, ଅନୁଭୂତିର ଗଭୀରତା, ଭାବ ଅଭାବର ଯୌଥ ଯନ୍ତ୍ରଣାରେ ପୀଷ୍ଟ ହୋଇ ଚିରାଚରିତ ଶବ୍ଦାବଳୀର ପ୍ରେମରେ ଅନ୍ଧ ହୋଇ ଭିନ୍ନ ରୂପରେ, ଭିନ୍ନ ଭିନ୍ନ ରଙ୍ଗର ବୈଭବରେ ନିଜ ସୃଷ୍ଟିକୁ ବିମଣ୍ଡିତ କରି ନୂଆ କିଛି ସୃଷ୍ଟି କରିବାକୁ ଭାବପ୍ରବଣ ହୋଇ ଉଠିଥାନ୍ତି। ଶବ୍ଦକୁ ଶବ୍ଦ ଯୋଡ଼ି, ଜୋଖିଜାଖି କବିତାର ଅସମ୍ପୂର୍ଣ୍ଣ ବାକ୍ୟାଂଶଟିଏ ବା, କଦବା କ୍ୱଚିତ୍ ପରିପୂର୍ଣ୍ଣ ସଫଳ ସାର୍ଥକ ବାକ୍ୟଟିଏ ଗଢ଼ି ବସିଲାବେଳେ ସମସାମୟିକ ଆଗଧାଡ଼ିର କବିମାନଙ୍କଠାରୁ ବା ପୂର୍ବସୂରୀଙ୍କଠାରୁ ବେଶ୍ କିଛି କେତେବେଳେ ଜ୍ଞାତସାରରେ ବା' ବେଳେବେଳେ ଅଜ୍ଞାତସାରରେ ସାଉଁଟିପାଉଁଟି ଆଣି ନିଜ ରଚନାରେ ଯୋଡ଼ି ଦେଇଥାନ୍ତି। ଏପରି ପ୍ରଚେଷ୍ଟା ଯେ' ଏକ ଧର୍ତ୍ତବ୍ୟ ଅପରାଧ ଓ କବି ଜନୋଚିତ ଧର୍ମ ନୁହେଁ ତାହା ମୁଁ ସ୍ୱୀକାର କରିପାରୁନାହିଁ। ଯଦି ଏହି କାର୍ଯ୍ୟକୁ ଆମେ ଆଡ଼ ଆଖିରେ ଚାହିଁବା ତାହେଲେ ସାରା ବିଶ୍ୱରେ ଜଣେ ହେଲେ ବି ନିରୁତା କବି ଆମେ ଖୋଜି କାଢ଼ି ବାହାର କରି ପାରିବାନି। ଯଦି ଏହା ଏକ ଅକ୍ଷମଣୀୟ ଅପରାଧ ରୂପେ ସାବ୍ୟସ୍ତ ହୁଏ ତେବେ ସବୁ ଯୁଗରେ, ସବୁ କାଳରେ କବିତା ଲେଖି

ଆସୁଥିବା କବିମାନଙ୍କୁ କାଠ ଗଡ଼ାରେ ଠିଆ କରେଇବାକୁ ପଡ଼ିବ। କବିଟିଏ କେତେବେଳେ କାହା ଭାଷାର ଐନ୍ଦ୍ରଜାଲିକତା କବଳରେ ପଡ଼ି ମନ୍ତ୍ରମୁଗ୍ଧ ଓ ମୋହଗ୍ରସ୍ତ ତ କେତେବେଳେ କୋଉ ବରିଷ୍ଠ ଓ ଅନୁଜ କବିର ପ୍ରକାଶ ଭଙ୍ଗୀର ଶୈଳୀ, ଶବ୍ଦ ଚୟନର ଚାତୁର୍ଯ୍ୟ ଓ ଛନ୍ଦ ପତନର ମଧୁରିମାରେ ପ୍ରଚୋଦିତ। ପ୍ରତିଟି କବିର ଭାଗ୍ୟରେ ଏହାହିଁ ଊଣା ଅଧିକେ ଘଟିଥାଏ। ଇଚ୍ଛାକୃତଭାବେ କୌଣସି କବି ଏହି ମୋହ ଦୁର୍ବଳତାଠାରୁ ଯେ' ନିଜକୁ ଦୂରେଇ ରଖି ପାରନ୍ତିନି ଏହା ଅନସ୍ୱୀକୃତ। କିନ୍ତୁ, ଏହାର ଅର୍ଥ ନୁହେଁ ଯେ କାଣ୍ଡଜ୍ଞାନଶୂନ୍ୟ ଭାବେ ଆମେ ଅନ୍ଧଙ୍କ ପରି ସବୁକିଛିକୁ ଆପଣାର କରିନେବା।

ପ୍ରକାଶଭଙ୍ଗୀର ସ୍ୱଚ୍ଛତା ଓ ସୌନ୍ଦର୍ଯ୍ୟବୋଧର କଳା ନୈପୁଣ୍ୟ, ଶବ୍ଦ ଚୟନରେ ସତର୍କତା ଓ ବିଷୟ ବିନ୍ୟାସରେ ଅଭିନବତା ଓ ସତ୍ୟପ୍ରକାଶରେ ପ୍ରତିବଦ୍ଧତା ନ ରହିଲେ କବିତାର ଗଭୀରତାକୁ ସହଜେ ମାପି ହେବ ନାହିଁ। ତଥାପି, ଯୁଗରୁ ଯୁଗ, ପରାର୍ଦ୍ଧରୁ ପରାର୍ଦ୍ଧ ଓ ମନ୍ୱନ୍ତରରୁ ମନ୍ୱନ୍ତର ଯାଏ ଆମର ଚେଷ୍ଟା ଅବ୍ୟାହତ ରହିଥିବ। ଆମ ନିୟତି ଆମକୁ ଯେଉଁ ଭଳି ଗଢ଼ିଛି, ଯେତିକି ଆମ ଭାଗ୍ୟରେଖାରେ ବିଧି ନିର୍ଦ୍ଦିଷ୍ଟ ହୋଇରହିଛି, ସେତିକିରେ ଆମକୁ ସନ୍ତୁଷ୍ଟ ହେବାକୁ ପଡ଼ିବ। ତା ଛଡ଼ା ଗତ୍ୟନ୍ତର ନାହିଁ କି, କବିତାର ନାଗଫାଶ ବନ୍ଧନରୁ ଯେ ଜୀବଦ୍ଦଶାରେ ପରିତ୍ରାଣ ନାହିଁ।

■■

ଫନୀ ମହାନ୍ତି

ଘାଟ

ଦିନେ ଅବେଳାରେ ନିଛାଟ ଘାଟକୁ
ତରବର ହୋଇ ଗଲି ।

ଘାଟ ନୁହେଁ ଅଘାଟରେ ପହଂଚିଲା
ବେଳକୁ ପ୍ରଥମେ ଯାହାଂକୁ ଭେଟିଲି
ତାଂକୁ ତ ବହୁ ପୂର୍ବରୁ କୋଉଠି ନା,
କୋଉଠି କୋଉ ଅଗମ୍ୟ ବାଟ ଘାଟ
ଅଘାଟ ଘାଟରେ କେତେ ସହସ୍ର ବାର
ସ୍ୱପ୍ନ ବା ସ୍ୱପ୍ନଭଂଗ ପୂର୍ବ ମୁହୂର୍ତ୍ତରେ ଭେଟିଥିଲି ।

ପରିତ୍ୟକ୍ତ ଅଘାଟ ଘାଟରେ ଯାହାଂକୁ
ଭେଟିଲି ସେ ମୋର କିଏ କି ?
ଅଲିଅଳୀ ଜିଦିଖୋର ସୁନ୍ଦରୀ ପତ୍ନୀ ନା,
ମୋ ପ୍ରଥମ ଓ ଶେଷ ପ୍ରେମିକା ନା, କୋଉ

କଳ୍ପନାପ୍ରସୂତ ସ୍ଫଟିକ ନଗରୀର ଲାବଣ୍ୟ ଜରଜର ରାଜଜେମା ?
ଯେ କେହି ହୋଇଥାଂତୁ ପଛକେ ସେ
ଚାହିଁଥିଲେ ନିଡ଼ରରେ ନିଛାଟ ଘାଟକୁ ନ ଆସି
ଅନ୍ୟ କୋଉ ଘାଟକୁ କଣ ଆସି ନ ଥାଂତେ ?
କିଂତୁ, କାହିଁକି ବା ଆସିଥାଂତେ ? ଯେଉଁ
ଅଭେକା ବେଶରେ ଲୁଚିଛପି ସେ ଆସିଥିଲେ,
ମାଜଣା ବେଳର ଉଭା ଠାକୁରାଣୀ ଭଳି ସେ ଯେ'
ଜଳଜଳ ଦିଶୁଥିଲେ ସେ କଥା ସେ କଣ ଜାଣି ନ ଥିଲେ।

ଧପଧପ ଜଳୁଥିବା ରୋଷଣୀ ଆଲୁଏ ତାଂକ
ଦୁଇ ଅପାଶୋରା ମୁଗ୍ଧ ନୀଳ ଆଖି ଗୁମ୍‌ସୁମ୍
ଆକାଶ ପରି ଲାଲ ଦିଶୁଥିଲା, ଗୋରା ତକତକ
ସୁଠାମ କପାଳ, ଥରଥର ଥରୁଥିବା ଓଷ୍ଠ ପତ୍ର ପରି
ସ୍ଫୀତ ଦୁଧଅଳତା ରଙ୍ଗର ଓଠ, ଅଧା ଦୃଶ୍ୟ
ଅଧା ଅଦୃଶ୍ୟ ଲୋଭନୀୟ ପୀନ ସ୍ତନ, କ୍ଷୀଣ କଟି
ଚିତ୍ରବିଚିତ୍ର ରୋମାବଳୀ ଓ ରସମସ ଅଂଗ ଅବୟବକୁ
ଦେଖି ଯେ କେହି ଦୀନହୀନ ମୂଢ଼ ପାମର
ଠାକୁରାଣୀଂକ ବ୍ୟତୀତ ଅନ୍ୟ କେଉଁ ରୂପଭେକରେ
ତାଂକୁ କଣ ଦେଖିପାରୁଥିଲା ?

ନିଛାଟ ଘାଟରେ ଦିନେ ଆମର ସାମନାସାମନି
ଦେଖା ହୋଇଗଲା, ଦେଖା ହେଲାପରେ ଆମ
ଗାଆଁ, ଗାଆଁ ଆଖପାଖରେ ଖଂଡ଼ମଂଡ଼ଳ
ଭିତରେ ଆମ ସଂପର୍କକୁ ନେଇ ଅପକୀର୍ତ୍ତିର ହାଟ
ବସିଲା, ମିଛିମିଛିକା ହାଟରେ ରଂଗବେରଂଗର
ପସରା ମେଲେଇ ବସିଥିବା ଛୋଟମୋଟର ବେପାରୀଂକ
ଭିଡ଼ରେ କଥା ନୁହେଁ, କେତେକେତେ ଅକଥାର ଅପଚର୍ଚ୍ଚା ହେଲା।

ଏମିତି ଦେଖିବାକୁ ଗଲେ ସେ ମୋର
ସତକୁସତ କିଏ କି ?

ତାଂକ ସହ ମୋ ସଂପର୍କ କେତେ ଦିନ କେତେ
ମାସ କେତୋଟି ବର୍ଷର, ନା ସେ ଇହ ପରକାଳର
ଅନୁଦାର ସାଥୀ ମୋର ନା, ଅଂତରଂଗ ସହୋଦର
କୋଉ ପୂର୍ବଜନ୍ମ ସୁକୃତରୁ ତାଂକ ପ୍ରେମେ ବଂଧା ପଡ଼ିଲା
ଦିନଠୁଁ କିଣା କିଂକର ପରି ପାଖେପାଖେ ଛାଇ ପରି
ରହିଛି ଯେ' ରହିଛି କିଂତୁ, ମୁଁ ତାଂକୁ କେବେ
ଥରେ ହେଲେ କଣ ସ୍ୱପ୍ନରେ ଭେଟିଛି।

ବିନା ଦୋଷେ ଏତେ ପରାଭବ ଭୋଗିବାକୁ ଯଦି
ମୋ କପାଳେ ଲେଖାଥିଲା, ଯଦି ସାରା ଜୀବନ
ଓ ସାରା ମରଣକାଳ ଛଳଛଦ୍ମରେ ଜିଇବା ଛଡ଼ା
ଅନ୍ୟ କିଛି ଚାରା ନଥିଲା କେହି ଜଣେ ବି ମତେ
ବେଳୁସୁଁ କହି ପାରିଥାଂତେ "ଢେର ବେଶୀ ହେଲା,
ବାବୁ, ଏଥର ଯିବା ପାଇଁ ସଜବାଜ ହୋଇ ରହ।
ଜୀବନକାଳଯାକ ତ ଅପାତ୍ରରେ ଦାନ ଧର୍ମ କଲୁ
ଆଉ ଦେବାକୁ ତୋ ପାଖେ କଣ ଅଛି କି, ହାତ
ଝାଡ଼ିଝୁଡ଼ି ଦେଇ କେବେଠୁଁ ପରା ବସି ରହିଛୁ।"

ଝାଡ଼ ସଂସାରର ରଣଭଣ ଗଳି ମୋଡ଼ରେ ମଲା ମୂଷା
ପରି ହାଡ଼ଗୋଡ଼ ଜାକିଜୁକି ପଡ଼ିଥିଲା ବେଳେ ସେ' ଚଂପକ
ବରନୀ ଚାରୁହାସିନୀ କେବେ କ'ଣ ମୋ ପାଖେପାଖେ
ଥିଲେ? ତଥାପି, ନିଛାଟ ଘାଟକୁ ପ୍ରତି ମୁହୂର୍ତ୍ତରେ ଆସି
ହାତରେ ନ ମାରି ମତେ ପଳପଳ କରି ମାରୁଥିଲେ।

ମୁହଁକୁ ମୁହଁ ଦିଶୁ ନ ଥିବା ବଜ୍ର ବିଜୁଳି ଖଚିତ ବାଟରେ
ଏତେ କଷ୍ଟ କରି ଆଉ କାହିଁକି ଆସିଲ କଲା
ମିଚିମିଚି ଜୁଡ଼ାରେ ବାଂଧି ଦୟଣାର ମାଳ ଗଳାରେ
ତୁଳସୀ କପାଳେ ଚଂଦନର ଟିପା ଅବଶିଷ୍ଟ ଆୟୁଷ
ନେବାକୁ ଯୋଗିନୀ ବେଶରେ କି' ଆସିଥିଲ!

ହେ ସର୍ବ ମନୋହାରିଣୀ ଲାବଣ୍ୟବର୍ଦ୍ଧିନୀ, ହେ ମୃଗାକ୍ଷୀ
ତ୍ରିବଳୀଶୋଭିନୀ, ନୀଳୋତ୍ପଳା ପଦ୍ମମୁଖୀ 'ପଦ୍ମନୟନୀ' !
ତଂତ୍ରମଂତ୍ର ଗୁଣି ଗାରେଡ଼ି କରି ଯେ' ହୀନ ଜନର ଜୀବନ
ନେବାକୁ ଯଦି ଆସିଥିଲ, ମତେ ଭୁଲିଭାଲି ଯିବା ପାଇଁ
ଅପୂଜା ଯୋଗିନୀ ମଂଦିରେ ଯଦି ପୂଜା ବ୍ରତ ଉପାସନା
କରୁଥିଲ, ତମେ ହେଲେ ଆସିଥାଂତ ଠିକ୍ ମୋ ଯିବା
ବେଳକୁ କିଂତୁ, କାହିଁକି ଏମିତି ଅବେଳାରେ ଆସିବାକୁ
ମନ କଲ, ବୁଢ଼ି ଅସୁରୁଣୀ ପରି ଆସିଛ କି ନିଛାଟ
ଘାଟକୁ ପଳପଳ କରି ମୋର ରକ୍ତ ପିଇବାକୁ।

■■

କୋଉଠି ଅଛ ଯେ !

ତାରାର ଦୀପାଳୀରେ କୋଉ ଚିତ୍ରକର
ସଜେଇ ଦେଇଛି
ପ୍ରାଚୀନ ମୌନ ଆକାଶକୁ ?
କୋଉ ମନ୍ୱଂତରରୁ ତମେ ଯାଇଛ
ଯେ ଯାଇଛ ଏମିତି ଏକ ଆକାଶଲୋକକୁ
ଯେଉଁଠି ତମ ଖୋଜ ଖବର ନାହିଁ,
ସ୍ୱର ଶବ୍ଦ ନାହିଁ ।

କୋଉଠି ଅଛ ? କୋଉ ଇଂଦ୍ରିୟୋତ୍ତର
ରାଜ୍ୟର ମଧ୍ୟ ସ୍ୱର୍ଗରେ ନା, ନୀଳ ନଭର
ଝିଲିମିଲି ବର୍ଣ୍ଣାଳିରେ ନା,
ନିର୍ବେଦ ନିଥର ବିସ୍ତାରିତ ଆଲୋକମାଳାରେ
ନା, ଭିଣା ତୂଳା ପରି ଭାସମାନ ଖଂଡ଼ଖଂଡ଼
ମେଘପୁଂଜରେ ନା, ମହାଶୂନ୍ୟର ସ୍ୱର୍ଣ୍ଣାଭ
ହୀରକପୁରୀରେ କୋଉଠି, କୋଉଠି ଅଛ ଯେ ?

ଅଦୃଶ୍ୟ ପୋଷା ପିନ୍ଧି କୋଉଠି ଅଛ
ଲାବଣ୍ୟମୟୀ !
କଳାଘୁମର ମେଘିଲ ରାତିର ବିଧୂନିତ ସୁରରେ ?
ଝଣ୍‌ଝଣ୍ ଗୀଟାରର ବିଭଂଗ ରାଗିଣୀରେ ?
ଘରବାହୁଡ଼ା ଚଢ଼େଇଙ୍କ ଅପାସୋରା କଳକଳ
ଛଂଦାୟିତ କୂଜନରେ ?
ଶାଂତ କୋମଳ ମଧୁର ପଦାବଳୀରେ ?
କୋଉଠି ଅଛ ଲାବଣ୍ୟମୟୀ !
କୋଉ ଅଦୃଶ୍ୟ ଗ୍ରହରେ ଯେ ।

ତୁମ ବିନା ସବୁକିଛି ଏଠି ଅଧା ଅଧା ।
ପାନୀୟ ଅଧା, ପାନପାତ୍ର ବି ଅଧା,
ସଂଭୋଗ ଅଧା, ସନ୍ନ୍ୟାସ ବି ଅଧା,
ନିର୍ବାଣ ଅଧା, ବଂଧନ ବି ଅଧା,
ଜୀବନ ବି ଅଧା, ମରଣ ବି ଅଧା ।

ତମେ କଣ ସତକୁସତ ଗୋଟେ ମଧୁର
ଗୀତର ନରମ କୋମଳ ସୁର,
ତମେ କଣ ସତକୁସତ ଗୋଟେ ଅଭୁଲା
ସ୍ମୃତିର ଅଚିହ୍ନା ଗୋଲ ଗୋଲ ହସ୍ତାକ୍ଷର ।

କୋଉଠି ଅଛ ଯେ ଲାବଣ୍ୟମୟୀ !
କୋଉଠି ଅଛ ?

ଭୟ କାହାକୁ

ଅକସ୍ମାତ୍ ଭୟ ଖେଳିଯାଏ ସଚରାଚର
ବିଶ୍ୱ ବ୍ରହ୍ମାଂଡ଼ରେ। ଦୁରାରୋଗ୍ୟ
ପତ୍ନୀଂକ ସିକ୍ତ ପାଂଡୁର ଓଠ ପତା
ସ୍ଫୀତ ଅବସନ୍ନ ଦୁଇ ନୀଳ ଆଖି
ଓ ଜୀର୍ଣ୍ଣଶୀର୍ଣ୍ଣ ମୁଖପଦ୍ମ ପରେ।

ଅଂଧାର ଘର ସଂଧିରେ କାଳୀ
ବିଲେଇର ଭୁସ୍‌ଭାସ୍ ଶବ୍ଦ, ଦେହର
ସଚିତ୍ର ଭୂଗୋଳ ଓ ଅବଚେତନର
ସରହଦ ପରେ ଉଭା
ଅତିକାୟ ଭୟର ସମ୍ରାଟ।

ଭୟ ଆଜ୍ଞାଂଧୀନ ଅର୍ଦ୍ଦଳି ପରି
କେତେବେଳେ ଉଭା ହୁଏ ଷ୍ଟାଫ୍

କମନ୍‌ରୁମ୍ ପିଅନ ରାମ ନାୟକର
ପଟାବନ୍ଧା ହାତୀମାର୍କା ନୋଟ୍ ଖାତାରେ ପୁଣି,
କେବେ ପିଚାଶୁଣୀ ପରି ହାତଗୋଡ଼ ହଲାଉଥାଏ
ଫଂଶୀଦିଆ ବରଗଛର ଘଞ୍ଚ ଡାଳରେ
ଶାଗୁଆନ କାଠରେ ଗଢ଼ା ଉଡ଼ଂତା
ଚିଲର ସ୍ପର୍ଧିତ ଡେଣାରେ ତ
କେତେବେଳେ ପୁଣି ଦୁଇଟି ନିସ୍ତେଜ
କ୍ଳାଂତ ଓ ଅବଶ ଶରୀର ମଲା
ମୂଷା ପରି ପଡ଼ି ରହିଥିବା ବେଳେ ତକ୍ତପୋଷ
ମୁଲାୟାମ୍ ପଲଂକରେ ।

ମୁଁ ଶ୍ରୀମତୀଂକୁ କହିଲି ତମେ
ଆଦୌ ଭୟ କର ନାହିଁ ଘନଘୋର
ଅନ୍ଧାର ରାତିରେ କିଳିକିଳା ଶବ୍ଦ
କରୁଥିବା କାଳୀ ବିଲେଇକୁ
ତମେ ଆଦୌ ଭୟ କର ନାହିଁ
ଗୋଟେ ଅପାରଗ
ଅସମର୍ଥ ପୁରୁଷର ବଦଖିଆଲକୁ ।

ଭୟ ଏକ ସାଧାସିଧା ସାମୟିକ
ବିକାର । ଜୀବନ୍ତତ ପୁରୁଷ ପାଇଁ
ତାର ନାହିଁ କୌଣସି ନିର୍ଦ୍ଦିଷ୍ଟ
ସ୍ଥିରୀକୃତ ଆକାର ପ୍ରକାର
ବଂଚି ରହିବା ପାଇଁ ଏହା ହିଁ ନିଭରଯୋଗ୍ୟ
କଳା କୌଶଳ, ଏକ ସୁଂଦର ଫିକର ।

■■

ପ୍ରେମିକ

ସାକ୍ଷୀ ରଖି କୋଟି କୋଟି ଦେବଦେବୀ
ଗଂଧର୍ବ କିନ୍ନର ଖରାବର୍ଷା ଶୀତ କାକରରେ
ଗଛମୂଳେ ପଡ଼ି ରହିଥିବା ଯେତେଯେତେ
ଯୋଗୀ ଓ ଯୋଗିନୀ, ଯେତେଯେତେ ଭୂତ
ପ୍ରେତ ପିଶାଚ ଓ ପିଚାଶୁଣୀ
ପ୍ରାଣଠୁ ଅଧିକ ମୋ ପତ୍ନୀ ପୁଅ ବୋଉ
ନାତି ଓ ନାତୁଣୀ ମୁଁ ଯିବି ଯେ' ଯିବି
ଏଥର କାଂଦକାଂଦ ହୋଇ ଯେତେ ରଡ଼ି
ବୋବାଳି ଛାଡ଼ିଲେ ବି ଅଧା ବାଟରୁ ଆଉ
ଜମା ଫେରି ଆସିବିନି।

ମୁଁ ଚାହିଁଥିଲେ ମାୟା ମମତାର ଡୋରି
କାଟି ବହୁ ଆଗରୁ ଏଠୁ ନିଶ୍ଚେ ଚାଲି

ଯାଇଥାଂତି କିଂତୁ, କେମିତି ବା ଯିବି ?
ସମସ୍ତ ଜୀବନ କାଳ ଯେଉଁମାନଂକ ପାଇଁ
ବେଫିକର ହୋଇ ଉଜାଡ଼ି ଦେଇଛି
ଓ ଯାହା ଯାହାଂକଠୁ ଯେତେ ଯାହାସବୁ
ନିଃସର୍ତ୍ତରେ ପାଇଛି ପରିଶୋଧ ନ କରିବା
ଯାଏଁ ଏତେ ବେଳାବେଳି ମୁଁ କ'ଣ ଏଠୁ ଯାଇ ପାରିବି ।

କାହା ବାରି ଅଗଣାରୁ ଲଂପଟ ପୁରୁଷ
ପରି ଲୁଚିଛପି ଅରତୁରେ ଆଣିଥିଲି
କେବେ ଥରେ ମଲ୍ଲୀଫୁଲର ମୁଠାଏ ସୁଗଂଧ
ତ କୋଉ ଅଲିଅଳୀ ରାଜଜେମାର
ଲାଲ ଟୁକୁଟୁକୁ ଓଠର ହୃଦରୁ ପ୍ରଥମ
ଦେଖାରେ ଓଠେ ଆତ୍ମୀୟତା ।

ସଦ୍ୟ ବିବାହିତା କୋଉ କୁଳ ଭୁଆସୁଣୀର
ଉତୁରିଲା ଦୁଧହାଂଡ଼ିରୁ ଗିନାଏ ସର ଲବଣୀ
ତ ନବଜାତ ସାଢ଼େ ଚାରି ମାସର ନିଷ୍ପାପ
ନାତିର ଦରୋଟି ଓଠରୁ ଚେନାଏ ବିସ୍ମୟ !
ଚେର ମୂଳ ନଥିବା ଗଛର ଛାଇରୁ ଟିକେ
ଆର୍ଦ୍ର ଶୀତଳତା ତ କୋଉ ଦୁର୍ଲଭ ଲତା
କୁଂଜ ଗହଳିରୁ ବିରହୀ ବଂଶୀର ପାପୁଲିଏ ମୃଦୁ ମୂର୍ଛନା ।

ଜୀବନ କାଳ ଭିତରେ ସାଉଁଟି ପାଉଁଟି
ଯାହା ଯାହା ସବୁ ଆଣି ପସରାରେ ରଖିଥିଲି
ସେ ସବୁ ଫେରସ୍ତ ନ କରିବା ଯାଏଁ
ଯେଉଁଠି କି ତରତର ହୋଇ ଯିବା ପାଇଁ
ବାହାରିଛି ସେଠିକି ଏତେ ଶୀଘ୍ର କୋଉଠି ଯାଇ ପାରିବି ?

ଯେ' ବେଳାରେ କାହାଠୁ କ'ଣ ଅଧିକ
ଆଉ ମୋର ପାଇବାକୁ ଅଛି ?

ଧନଜନ ଗୋପଲକ୍ଷ୍ମୀ ପ୍ରୀତିରତି
ପ୍ରଶଂସା ଓ ନିଂଦା ଅପଯଶ ଯାହାଯାହା
ଭାଗ୍ୟେ ଲେଖାଥିଲା
ଅଂଟି ଭରି ସବୁ ତ ପାଇ ସାରିଛି।

ଏବେ ଖାଲି, ଖାଲି ହାତରେ ମୋର
ଫେରି ଯିବାର ବେଳ।
ଚଉତା ଚଉତି କରି ଯେତେ ଯାହା ଦୁର୍ଲଭ
ଦ୍ରବ୍ୟମାନ ପାଟକନାରେ ବାଂଧି ରଖିଥିଲି
ସବୁ ଛାଡ଼ି ଦେଇ ଯାଉଛି କାଲେ କାହା
କାମରେ ଆସିବ, ମୋର ତ ଏବେ ଫେରିଯିବାର ବେଳ।

ବିଫଳ ପ୍ରେମିକ ପରି ଯେତେ ଦିନ କାଳ
ଏଠି ଭାବ ଅଭାବରେ ଜିଇ ରହିବାକୁ
ଥିଲା ବେଶ୍ ମନ ଫୂର୍ତ୍ତିରେ ଜିଇ ରହିଲି,
ଏବେ ଖାଲି ବିଫଳ ପ୍ରେମିକ
ସାଜି ଖାଲିଖାଲି ହାତରେ ଏଠୁ
ସଗର୍ବରେ ବାହୁଡ଼ି ଯିବାର ବେଳ।

ଦୃଶ୍ୟ ଦୃଶାଂତର

ନିର୍ବୀର୍ଯ୍ୟ ପବନ ବହୁଚି ।
ଗାଁ ଶେଷ ମୁଂଡ଼ ମଶାଣି ପଦାରେ ଥିବା
ଗହଳିଆ ବରଡ଼ାଳରେ ମୁକୁଳା ବାଳକୁ
ପିଚାଶୁଣୀ ମନ ଖୁସିରେ ବସି ସାଉଁଳୁଛି ।

ରାସ୍ତାରେ ଟ୍ରାଫିକ୍‌ର ଭିଡ଼ ନାହିଁ ।
ରାଜପଥ ଖୋଲା ଓ ମୁକୁଳା ଆକାଶ
ପରି ଶୂନ୍‌ଶାନ୍ । ଅଧା ଲଂଗଳା ବସ୍ତୀ ପିଲାଂକ
ବାଟି ଖେଳ ରଡ଼ାକିଲ୍ଲା, ଅଶ୍ଳୀଳ ହୁଇସିଲ୍
ଶବ୍ଦରେ ଆଖପାଖ ହୁଲସ୍ଥୁଲ୍ ଗହଳ ଚହଳ ।
ଗରାଖଂକ ଭିଡ଼ନାହିଁ । ଆଶ୍ଚର୍ଯ୍ୟଚକିତ
କୌଣସି ଘଟନାର ଘନଘଟା ନାହିଁ ।

ପବନ ବହୁଚି ତ ବହୁଚି ।
କ୍ଲାଂତ ଉଦାସ ପବନ ଲଗାତାର ବହୁଚି ।

ଖାଁ ଖାଁ ନିର୍ଜନ ଗୋହିରୀ ରାସ୍ତାରେ
ଉଦାସିଆ ପବନରେ ପୋଡ଼ାପିଂଡ଼
ଡହଳବିକଳ ହେଉଛି ।
ଭଂଗା ପାଚେରୀର ରଂଗଛଡ଼ା କାଂଥରେ
ବାଟହୁଡ଼ା ପକ୍ଷୀଶାବକଟିଏ ଥରକୁଥର
ରହି ରହି ରଡ଼ି ଛାଡୁଛି ।
ପବନ ଅନବରତ ବହୁଚି ତ ବହୁଚି ।

ମଂଜଥରା ଶୀତୁଆ ପବନରେ ଗଛପତ୍ର
ଅଣାୟତ ହୋଇ ଦୋହଲୁଛି
ଆଦବକାଇଦା ନ ମାନି ପବନ ବହୁଚି ତ ବହୁଚି ।

ଗାଁ ମଂଦିର ଚୂଡ଼ାରେ ଫଡ଼ଫଡ଼ ଶବ୍ଦ
କରି ଫଟା ଚିରା ରଙ୍ଗୁକରା
ପତକା ଉଡୁଛି । ପବନ ବହୁଚି ତ
ବହୁଚି, ବହୁଚି ।
ତମ ମୋ ସଂପର୍କର ବାଲିବଂଧ ଅବିରାମ
ପବନ ମାଡ଼ରେ ଚାହୁଁ ଚାହୁଁ ଗୋଟିପଣେ
ଭୁଶୁଡ଼ି ମାଟିରେ ମିଶୁଛି । ବେଫିକର
ହୋଇ ପବନ ବହୁଛି ତ ବହୁଚି ।

ଦୃଶ୍ୟ ଦୃଶ୍ୟାଂତର ଶ୍ରୀହୀନ ଓ ବିବର୍ଣ୍ଣ
ଦିଶୁଛି । ତମ ଶେଥା ବିଭଂଗ ମୁହଁ
କେତେବେଳେ ମତେ ଚିହ୍ନା ଚିହ୍ନା, ପୁଣି
କେତେବେଳେ ଅଚିହ୍ନା ଲାଗୁଛି ।
ପବନ ବହୁଚି ତ ବହି ଚାଲିଛି ।

ବାନପ୍ରସ୍ଥ

ଯିବି କି, ନ ଯିବି ପ୍ରଥମେ ଥତମତ
ହେଲି, ତାପରେ ଘର ଛାଡ଼ି ଏକମୁହାଁ
ହୋଇ ବାହାରିଲି ।

ଦିନ ଦିନ ରାତି ରାତି ଧରି ଖଟିଖଟି
ଗଢ଼ିଥିବା ଜାତିଜାତିକା ଫୁଲଫଳ ଭର୍ତ୍ତି
ବାଡ଼ି ବଗିଚାର ମୋହ ସବୁଦିନ ପାଇଁ
ଭୁଲିଗଲି । ସରକାରୀ ପେନ୍‌ସନ୍ ବହି,
ବ୍ୟାଂକ୍ ପାଶ୍ ବୁକ୍, ତିଳକମଖା ମୋ
ବୋଉର କଳାଧଳା ବଂଧେଇ ଫଟୋ
ଆଜନ୍ମରୁ ବ୍ୟାଧିଗ୍ରସ୍ତା ରୋଗିଣୀ ସ୍ତ୍ରୀଂକ
ଚିକିତ୍ସା ସଂବଂଧୀୟ ଯେତେଯେତେ ପ୍ରେସ୍‌କ୍ରିପ୍‌ସନ୍
ଦଂଡ଼େ ନ ଦେଖି ପାଦ ଓଠ ମୁହଁ ଚାଟି
ପକାଉଥିବା ବିଶ୍ୱସ୍ତ ଓ ଅନୁଗତ ଜେମ୍‌ସ୍‌ର
ଅଭିମାନ ଭରା କାଂଦକାଂଦ କଳା କିଟିମିଟି

ଗୋଳିଆ ମୁହଁ, ଶ୍ରୀହୀନ ଓ ବିବର୍ଣ୍ଣ
ଦିଶୁଥିବା ଓଡ଼ିଶା ସାହିତ୍ୟ ଏକାଡ଼େମୀର
ତାମ୍ର ଫଳକ, ଘରପୋଡ଼ିରୁ କୁଟା ଖିଏ ପରି
ବଂଚି ରହିଥିବା ପିତୃ ଅର୍ଜିତ ଭୂସଂପତିର
ଯତ୍‌କିଂଚିତ୍ ଦଲିଲ ଓ ଦସ୍ତାବିଜ୍ ଓ
ଅଧା ଲେଖା ଅଧା ଅଲେଖା କବିତାର ଶୀର୍ଣ୍ଣ
ପାଂଡୁଲିପି ସବୁ ଛାଡ଼ିଛୁଡ଼ି ଦେଇ ବୈରାଗୀ
ଭ୍ରମର ପରି ଘରୁ ବାହାରିଲି ।

ଯିବା ଆସିବା ବାଟରେ ଯେତେ ଯେତେ
ମୋଡ଼ ବୁଲାଣି ଉଠାଣି ଗଡ଼ାଣି ପଡ଼ିଲା
ବାଟ ଅବାଟରେ ଯିବାବେଳେ ଯାହାଯାହାଂକ
ସାଂଗେ ଦେଖା ହୋଇଗଲା ନ ଦେଖିଲା
ପରି ମୁହଁ ଆଡ଼େଇ ଦେଲି ।
ଯାଉଯାଉ ହଠାତ୍ ଯେଉଁଠି ଅଟକି
ରହିଲି ସେଠି ଅଟକିବା ପାଇଁ ଘରୁ
ବାହାରିଲାବେଳେ ମୁଁ କ'ଣ
ମନେମନେ ସ୍ଥିର କରିଥିଲି ?

ମୁଁ ଯଦି ଚାହିଁଥାଂତି ଯିବା ବାଟରେ
ନ ଅଟକି ହୁଏତ ଆଉ କେତେ
ଯୋଜନ ବାଟ ଆଗକୁ ଆଗକୁ ବଢ଼ି
ରାଗ ତମତମ ଅବସ୍ଥାରେ ତମ ଘର ନିଶ୍ଚେ
ଖୋଜିକାଢ଼ି ବାହାର କରି ପାରିଥାଂତି ।

ତମ ଘର କିଂତୁ ଏମିତି ଏକ ଅଜବ,
ଧାତୁରେ ଗଢ଼ା ଯେ' ଯେତେ ଖୋଜାଖୋଜି
କଲେ ବି' ଏ ସହରେ ତମ ଘର
ସହଜରେ ମୁଁ ଆଦୌ ପାଇ ନଥାଂତି
ତମ ଘରର ସଂପୂର୍ଣ୍ଣ ଠିକଣା ମୁଁ

କେମିତି ବା ପାଇଥାଂତି ?
ଯେଉଁ ଘରର ଠିକଣା ଜାଣିଶୁଣି ଭୁଲି
ଯାଇଛି ସେ ଘଣର ସଠିକ ଠିକଣା
କ'ଣ ଏତେ ସହଜରେ ପାଇ ପାରିଥାଂତି ?

ଭୁଲ୍ ଠିକଣାରେ ଯେତେଥର ଚିଠି
ଲେଖି ପଠାଇଛି ସେତେଥର ପ୍ରାପିକା
ଅନୁପସ୍ଥିତଥିବା କାରଣ ଦର୍ଶାଇ ସବୁ
ଚିଠି ମୋ' ପାଖକୁ ଶେଷରେ
ଫେରି ଆସିଛି ।

ତମ ଘରର ଠିକଣା ନିର୍ଭୁଲ ଭାବରେ
ମତେ ଜଣାଥିଲେ ତମ ଘର ଛକର ପୂର୍ବ
ଛକରେ ଥିବା ଦୋତାଲା ଘର ପାଖେ
ନ ଅଟକି ପତ୍ତା ଓ ଠିକଣା
ଜାଣିବା ପାଇଁ ପାଖ ପଡ଼ୋଶୀଂକୁ
ଡାକିହାକି ପଚାରି ନିଶ୍ଚେ ବୁଝିଥାଂତି
ଓ ତାପରେ, ତମ ଘର ଠିକଣାରେ ପହଂଚି ଗେଟ୍ ଖୋଲି
ଭିତରକୁ ଯାଇ ପ୍ରଥମେ ତମକୁ
ଆଗ ଭେଟିଥାଂତି ।

ତମକୁ ଭେଟିବା ଆଗୁଁ ଯାହାଂକୁ ଭେଟିଲି
ସେ ଥିଲେ ତମ ପ୍ରିୟ ବାଂଧବୀ ।
ବହୁ କଷ୍ଟରେ ମତେ କହିଲେ, ଯାଅ ଯାଅ । ତମେ ଯାହାକୁ
ଏଠି ସେଠି ଖୋଜି ନୟାଂତ ହେଉଛ ତା ଘର ମୋ ଘର
ଆଗରେ । ସେଇଠିକି ଯାଅ । ତାଂକ କଥା ମାନି ମୁଁ ସେ
ଘରକୁ ଗଲି ଓ ଯାହାଂକୁ ଭେଟିଲି ତାଂକୁ ତ ଭିନ୍ନ ଭିନ୍ନ
ରୂପଭେକରେ ଏ ସହରରେ ଏଠି ସେଠି
ବହୁବାର ଆଗରୁ ଭେଟି ସାରିଥିଲି ।

ବାଆଁ ହାତ ମୁଂଡ଼ ତଳେ ଦେଇ ଲୋଚାକୋଚା
ବିଛଣାରେ ଦକ୍ଷିଣ ଦିଗକୁ ମୁହଁ କରି ସେ'
ଶୋଇଥିଲେ। ଅବଚେତନ ସ୍ତରରେ ଗୁମ୍‌ସୁମ୍
ଅବସ୍ଥାରେ ଥାଇ ବୋଧହୁଏ ଆଜେବାଜେ
ଏଣୁତେଣୁ ସ୍ୱପ୍ନ ଦେଖୁଥିଲେ। ମତେ
ଏତେ ଦିନ ପରେ ଦେଖି ନ ଦେଖିଲା ପରି
ମୁହଁ ବୁଲେଇ ଦେଇ ନିର୍ଲିପ୍ତ ରହିଲେ।

ସ୍ୱପ୍ନରେ ସେ କେତେବେଳେ ହସୁଥିଲେ କେତେବେଳେ
ସ୍ୱପ୍ନରେ ସ୍ୱପ୍ନରେ କାଂଦକାଂଦ ଅବସ୍ଥାରେ କାହା ସାଂଗେ
କଥା ହେଉଥିଲେ।
ମୁଁ ତାଂକ ନାଆଁ ଧରି ଡାକିଲିନି କି, ମୁଁ କିଏ,
କଣ ମୋର ନାଆଁ ଗାଁ ପରିଚୟ କିଛି କହିଲିନି।
ତାଂକ ମୁଂଡ଼ ପାଖେ ଚୁପ୍‌ଚାପ୍ ବସି ଝୋଟ
ଭଳି ଫୁରୁଫୁରୁ ଉଡୁଥିବା ଅସଜଡ଼ା ପାଚିଲା
ମୁଂଡ଼ବାଳକୁ ଧୀରେ ଧୀରେ ସାଉଁଳିଲି
ଓ ନିର୍ଦ୍ଦିଷ୍ଟ ତାଳ ଓ ଲୟରେ ଯାଉଥିବା ଆସୁଥିବା
ଖର ନିଃଶ୍ୱାସ ପ୍ରଶ୍ୱାସକୁ ଦେଖି
ମନେମନେ ଖୁବ୍ ଡରିଗଲି।

ହାତ ଗୋଡ଼ ହଲୁ ନଥିବା ଅବସ୍ଥାରେ
ସାକ୍ଷାତ୍ ଜିଅଂତା ମୂର୍ଦ୍ଧାର ପରି
ବିଛଣାରେ ସେ ପଡ଼ି ରହିଥିଲେ ନା,
କୋଉ ଅଜଣା ଗ୍ରହରୁ ବଜ୍ର ଓ ବିଜୁଳି
ଖଚିତ ମାଣିକ୍ୟ ରଥରେ ବସି ଏ ଗ୍ରହକୁ
ଆସିଥିଲେ ? ଠାରରେ ଠାରରେ କୃଷ୍ଣ ବର୍ଣ୍ଣର
କୁତ୍ସିତ ବ୍ରାହ୍ମଣ ସାଙ୍ଗେ କେତେ କ'ଣ
ମନ ଖୋଲି କଥା ହେଉଥିଲେ ?

ନା, ମଢ଼କୁ ଶାଗୁଣା ଘେରିଲା ପରି
ତାଂକ ଚାରିପାଖେ ବସିଥିବା ଆତ୍ମୀୟ ସ୍ୱଜନଂକ
ପାଖେ ସାତ ତାଳ ପାଣି ତଳେ ଥିବା
ବୁଢ଼ି ଅସୁରୁଣୀ ବିଷୟରେ କେତେ କ'ଣ ଅର୍ଥହୀନ
ଗପ କହୁଥିଲେ ନା, ଗପଟିଏ କହିବାକୁ
ଯାଇ ମାଝି ବାଟରେ ସେ ନିଜେ ନୂଆ ଚେତନାର
ଚମତ୍କାର ଗପଟିଏ ହେଲେ ?

■■

ଦୁର୍ବୃତ୍ତ

ସେ କେଉଁ ଦୁର୍ବୃତ୍ତ ଯିଏ ଚକମକ
କରୁଥିବା ନହନହକା ଛୁରୀ ଖଂଡ଼େ ହାତେ
ଧରି କେତେଦିନ ହେଲା ସମସ୍ତଂକ
ଅଲକ୍ଷ୍ୟରେ ନିଜକୁ ନିଜେ ପ୍ରସ୍ତୁତ କରୁଛି
ବେଳକାଳ ଦେଖି ଚିର ଉଦାସୀ
କବି ଶ୍ରୀକାଂତ ଦାସକୁ ଛୁରୀ ଭୁସି ଦେବ,
ଛୁରୀ ଭୁସିବା ତ ତା' ପାଇଁ ଦୂରର କଥା
କିଂତୁ, ଶ୍ରୀକାଂତ ଦାସକୁ ଦେଖିଲେ
ନା ସେ ଦୁର୍ବୃତ୍ତ ନା, ତା ବାପାଂକ ବାପା
ଛୁରୀ ଭୁସି ମାରିବା ପାଇଁ
ସାହସ କରିବେ ? ଯେଉଁ ବାଟେ ଲୁଚିଛପି
ଆସିଥିଲା ସେଇ ବାଟେବାଟେ ଫେରିଯିବାକୁ
ତାକୁ ଡର ନ ସହିବ ।

ଯିବା ବାଟରେ ବାଟଘାଟ ହୁଡ଼ି ତରବରରେ
ଗଲାବେଳେ ଛାଇଛାଇଆ ଆଲୁଅ ଓ
ଅଂଧାରର ଲଂବା ଲଂବା ହାତଗୋଡ଼
ଫାଶୀଦିଆ ବର ଓହଳ ପରି ଯେତେ ଦୂର ଯାଏଁ ଲଂବିଥିବ,
ସେତେ ଦୂର ବା' ତାଠାରୁ ଆହୁରି ଅନେକ
ଦୂରରେ ଶ୍ରୀକାଂତ ଦାସ ସାକ୍ଷାତ୍ ପାଳଭୂତ
ସାଜି ଏଠିସେଠି ଲୁଚୁକାଳି ଖେଳ ଖେଳୁଥିବ।

କେତେ କଣ ଅଭିନବ ଘଟଣା ଶ୍ରୀକାଂତ
ସାମନାରେ ଏବେ ଏବକୁ ଘଟି ଯାଉଚି,
ଯାହାକୁ ଯେଉଁଠି ଯେତେବେଳେ
ଭେଟୁଛି ଶ୍ରୀକାଂତ ଦେଖି ନ ଦେଖିଲା
ପରି ହାଃ-ହୁତାଶରେ ଦିନ କାଟୁଅଛି।

ଦୁଃଖୀ କ'ଣ ଯେ' ଭବଲୋକରେ
ଏକୁଟିଆ ଶ୍ରୀକାଂତ ଦାସ! ବେଳ
ଅବେଳରେ ଯାହାକୁ ଯୋଉଠି ଅକସ୍ମାତ୍
ଦେଖୁଛି ଲୁହ ଛଳଛଳ ଆଖିରେ ତା
ହାତ ଧରି କହୁଛି, "ଦେଖ ଭାଇ,
ଏଇ ବୋଧେ ଆମର ସବା ଶେଷ ଦେଖା,
କିଏ ଜାଣେ? ଆଉ ତମ ସହ ଦେଖାଚାହାଁ
ହେବ କି ନ ହେବ! ଯଦି ଦୈବାତ୍,
ଶ୍ରୀକାଂତର ତମ ସାଂଗେ କେବେ ଥରେ ଦେଖା
ହୋଇଯାଏ ସେ' ଶ୍ରୀକାଂତ କଣ ଶ୍ରୀକାଂତ
ଦାସ ପରି ତମ ପାଖେ ସଶରୀରେ
ଆଉ ଠିଆ ହୋଇ ରହିଥିବ!" କେତେ
କୋଟି କୋଟି କଳ୍ପ ଯା' ଭିତରେ ଆମ
ଅଗ୍ୟାଂତରେ ବିତି ସାରିଥିବ, ବିତି ସାରିଥିବା
କଳ୍ପ କଳାଂତର ପରେ ଆହୁରି ବେଶ୍
କିଛି ଦଂଡ଼ କାଳ ଏଠି ଭୋଗିବାକୁ ହେବ।

ଚକମକ କରୁଥିବା ଶାଣଦିଆ ଛୁରୀ
ଖଂଡ଼େ ଧରି ଅଂଧାରିଆ ସୁଡ଼ଂଗ
ମୁହଁରେ ବସିଥିବା ସେ' ଧୂର୍ତ୍ତ
ଦୁର୍ବୃତ୍ତ ସବୁଥିରେ ଅସଫଳ ହୋଇ
ନିଜ ହାତେ ଧରିଥିବା ଛୁରୀକୁ
ନିଜ ପେଟ ପିଠି କି, ଅନ୍ୟ କେଉଁ
ସ୍ପର୍ଶକାତର ଜାଗାରେ ଅଗତ୍ୟା ଶେଷକୁ
ଭୁସି ଦେଲା, ଅଧା ଛାଇ ଅଧା ଆଲୁଅର
ଅଣ ଓସାରିଆ ଗଳିରେ ବିଚରା ଶ୍ରୀକାଂତ
ଦାସ ପରି କେହି ଜଣେ ଏକବାଗିଆ
ମଣିଷ ଚୁପ୍‌ଚାପ୍ ଠିଆ ହୋଇ ଘଟୁଥିବା
ଘଟନାର ଦୃଶ୍ୟ ପରେ ଦୃଶ୍ୟ ଦେଖୁଥିଲା ।

ସେ କି ଭୀଷଣ ଜିଦିଖୋର ଦୁର୍ଦ୍ଦାଂତ
ଦୁର୍ବୃତ୍ତ ! ନିଜକୁ ନିଜେ ଛୁରୀ ଭୁସିଲାବେଳେ
ଆଗପଛ ଭଲମଂଦ ଥରଟିଏ ବିଚାର କଲାନି ।
ନିଜ ହାତ ମୁଠାରେ ଧରିଥିବା ଧାରୁଆ
ଛୁରୀକୁ ନିଜ ପେଟ ନିଜ ପିଠି ଓ
ସ୍ପର୍ଶକାତର ଜାଗାମାନଙ୍କରେ ଭୁସ୍‌ଭାସ୍
ବାରବାର ଭୁସି ଚାଲିଲା ।

ହେ ମହାମହିମ ଧୂର୍ତ୍ତ ଦୁର୍ବୃତ୍ତ !
ତମକୁ ମୋର କୋଟି କୋଟି ନମସ୍କାର ।
ଶେଷରେ ତମଠୁ ହାରି ହସିହସି
ନେଉଛି ବିଦାୟ ।
ବିଦାୟ ବେଳାରେ ତମେ କିଏ ମୁଁ
କିଏ, କଣ ଆମ ପରିଚୟ
କିଛି ଜଣା ନାହିଁ, ତୁମଠୁଁ ମୁଁ ନେଉଛି ବିଦାୟ ।
ବିଦାୟ ବିଦାୟ ।

ଥରେ ଯିବ କି ?

ଗାଁ ଛାଡ଼ି ଆସିଲା ବେଳକୁ ସେ' ପିଲାକୁ
ଏମିତି କେତେ ବର୍ଷ ହୋଇଥିବ କି ?
ଅତି ବେଶୀରେ ଏଗାର କି, ବାର ହୋଇଥିବ।
ନିଶ ଦାଢ଼ି ଭଲ କରି ଉଠି ନଥିବା ପିଲା
ଛଂଦ କପଟ ମାୟା ମମତାର ଅର୍ଥ କଣ
ବା' ବୁଝିଥିବ ? ନାବାଳକ ଥିଲାବେଳେ
ତାକୁ ଯେ' ଦିନେ ତା' ଘର ବାଡ଼ି ବଗିଚା
ତୋଟାମାଳର ଡାଳିମାଂକୁଡ଼ି ଖେଳ, କେନାଲ
କୂଳିଆ ପିତୃ ଅର୍ଜିତ ସାଢ଼େ ଚାରି ଏକରର
ଦୋଫସଲି ଚାଷ ଜମି, କାର୍ତ୍ତିକ ସକାଳର
ହଳଦି ଗୁରୁଗୁରୁ ପହିଲି ଖେଚୁଡ଼ି ଭୋଗ
ଚୂନ ସିମେଂଟ୍ ଖସି ବିବର୍ଣ୍ଣ ଦିଶୁଥିବା
ଗାଁ ଇଷ୍ଟ ଦେବତା ଶ୍ରୀ ରାଧାମୋହନ ଜୀଉଂକ
ମଂଦିର, ବଉଳ ଫୁଲର ସରିସରି ଗୁଂଥା ଗଳାମାଳ,
ପବନରେ ଭାସି ଆସୁଥିବା

ଲଉଡ଼ି ଗୀତର ସୁର ସବୁକୁ ପଛରେ
ଛାଡ଼ି ଆସିବାକୁ ହେବ
ସେକଥା ସେ ପିଲା ଆଦୌ ଭାବି ନଥିବ ।

ଆସିଲାବେଳେ ଯେଉଁ ଯେଉଁ ଦୁର୍ଲ୍ଲଭ
ଦ୍ରବ୍ୟମାନ ତାର ଆଣିବା ନାହାତି ଆବଶ୍ୟକ
ଥିଲା ଯେମିତି, ବାପା ବୋଉଙ୍କ କଳାଧଳା
ଯୁଗଳବଂଦୀ ଫଟୋ, ପଢ଼ା ବହିବସ୍ତାନି,
ଜେଜେମାଂକ ଅମଳର କମକୂଟକରା
ମାଟି ସରାଗାତ, ଝୁନୁ ଅପା ହାତବୁଣା
ଆକାଶୀ ରଂଗର ଗରମ ଉଲ୍ ସ୍ୱେଟର
କିଛି ହେଲେ ସାଂଗରେ ଆଣି ନଥିଲା ।

ଯେତେ ଦିନ ଯାଏଁ ବାପ ଛେଉଂଡ଼ ସେ
ଅଭାଗା ପିଲାଟି ଏଠି ୟେ' ସାହିରେ ଭଡ଼ା
ଘରେ ରହିଥିଲା କି' ଦିନ କି' ରାତି ତା
ପିଲାବେଳର ସାଂଗସାଥୀ କାର୍ତ୍ତିକା ଜୁବୁଲା
ବିଷ୍ଣୁ ବାସଂତୀ ଓ ଝୁନୁ ଅପାକୁ ଖାଲି
ଝୁରି ହେଉଥିଲା ।

ଦୁଇ ଦୁଇ ଥର ଲଗାତାର ପଂଚମ
ଶ୍ରେଣୀରେ ଫେଲ୍ ହୋଇ କାର୍ତ୍ତିକା ଅଧାରୁ
ପାଠ ଛାଡ଼ିଦେଲା । ଦିନେ ଫଗୁଣ ମାସରେ
ଭଲ ତିଥି ବାର ଦେଖି ହାତକୁ ଦି ହାତ
ହେଲା । ବର୍ଷ କେଇଟା ଭିତରେ ଦେଖୁ ଦେଖୁ
ପିଲାଛୁଆଂକ ବାପ ହୋଇଗଲା ।
ବିଷ୍ଣୁ ଓ ଜୁବୁଲା ଗାଁ ସ୍କୁଲ ଛାଡ଼ି କିଏ
କୁଆଡ଼େ ଗଲେ ତା ପାଖେ
ଆଉ କୌଣସି ଖବର ନ ଥିଲା ।

ମକଦ୍ଦମ ଘର ମୋଟି ଫୁଲେଇ ଝିଅ କଥା
ବରଂ ନ କହିଲେ ଭଲ । ବାରିଜଂଗର ପେଟି
କଂଟ୍ରାକ୍ଟର ପ୍ରଫୁଲ୍ଲ ଭଂଜକୁ ପ୍ରେମ କରି

ନାବାଳିକା ଥିଲାବେଳେ ହଠାତ୍ ଦିନେ
ଗର୍ଭବତୀ ହେଲା, ଅଠାଂତର ଡାକ୍ତରଖାନାରେ
ରାତାରାତି ଗର୍ଭନଷ୍ଟ କରି ବାସଂତୀ
କୋଉ ଜଣେ ଲେଖାଯୋଖା ସୂର୍ଯ୍ୟବଂଧୁ
ଭାଇସାଂଗେ ରାଉରକେଲା ଚାଲଗଲା।

ଆଉ ଝୁନୁ ଅପା ? ସେ’ ତ ସେ ପିଲାଠୁଁ
ବୟସରେ ଛ’ ସାତ ବର୍ଷ ବଡ଼ ଥିଲା।
ଖଂଡ଼ମଂଡ଼ଳ ଭିତରେ ଝୁନୁଅପା ପରି
ଅନିଂଦ୍ୟ ସୁଂଦରୀ ଝିଅଟିଏ
ଆଉ ଜଣେ କେହି ବି’ ନ ଥିଲା।

କୁଂଦିଲା କୁଂଦିଲା ଦେହ, ବଳିଲା ବଳିଲା
ହାତ ଗୋଡ଼, ଶୁଆ ଥଂଟ ପରି ତୀଖ
ନାକ, ଟଣାଟଣା କହିଲା କହିଲା ଆଖି
ବିଷଣ୍ଣ ଆଷାଢ଼ ପରି ଫୁରୁଫୁରୁ କଳା ବାଳ
ଓ ଠାକୁରାଣୀଂକ ଭଳି ସାକ୍ଷାତ୍ ଢଳଢ଼ଳ
ରୂପଢେକ ଦେଖି ଯେ କେହି ବି’
ଅବାକ୍ ବିସ୍ମୟରେ ଦଂଡ଼େ ଅଟକି
ରହି ଯାଉଥିଲା। ଝୁନୁ ଅପା କେଜାଣି
କାହିଁକି ସେ ବାପ ଛେଉଂଡ଼ ଅଭାଗା
ପିଲାକୁ ସବୁଠୁଁ ଏତେ ବେଶୀ ଭଲ ପାଉଥିଲା।

ଜହ୍ନ ଆଲୁଅ ରଂଗର ତୋଫା ଧଳା ଶାଢ଼ି
ପିଂଧି ଦିନେ ଜୁନ୍ ମାସର ରଇଜଳା
ଖରାବେଳେ ସେ ପିଲା ଶୋଇଥିବା
ଘରକୁ ଝୁନୁ ଅପା ପଶି ଆସିଲା।
ଲାଲ୍ ମଂଦାର ପରି ଟହଟହ ଦିଶୁଥିବା
ତା ଗାଲ ଓଠ, ଲହୁଣୀ ଭଳି ଚହଟ ଚିକ୍କଣ
ଛାତି କପାଳ ଓ ପାପୁଲିରେ ଥରକୁ ଥର
ଚୁମାଦେଲା, ଅଜଣା ଭୟରେ ଗୋଟାପଣେ

ଠକ୍‌ଠକ୍ ଥରୁଥିଲାବେଳେ ଝୁନ ଅପା
ତାକୁ ଛାତିରେ ଜାକିଜୁକି କଇଁକଇଁ
କାଂଦି ଉଠିଲା। କ'ଣ ହେଲା ବୋଲି
ଭାବିଲା ବେଳକୁ ଝୁନୁ ଅପା ଆଉ କଣ ସେଠି ଥିଲା ?

ସେଇଠି କ'ଣ ହେଲା କଥା ସରିଲା ?
କଥାର ପେଡ଼ି ଗୋଟିଗୋଟି କରି ଖୋଲି
କାନକୁ କନକୁ ସାତ କାନ ହେଲା।
ସାରା ଗାଁ ପଡ଼ିଲା ଉଠିଲା।
କୋଠ ଘରେ ସଭା ବସିଲା। ବିନା ସାକ୍ଷୀ
ପ୍ରମାଣରେ ସବୁ ଦୋଷ ସେ ପିଲାଟି
ଉପରେ ଲଦି ଦେଇ ଗାଁ ଛାଡ଼ି ଚାଲିଯିବା
ପାଇଁ ତାକୁ ଓ ତା' ବିଧବା ମା'କୁ କୁହାଗଲା।
କାଂଦକାଂଦ ହୋଇ ସବୁଦିନ ପାଇଁ ଗାଁ
ଛାଡ଼ି ସେ ଚାଲି ଆସିଲା।

କାଲି ପରି ଲାଗୁଛି ଅଥଚ, ପଚାଶ
ବର୍ଷ ଯା' ଭିତରେ ବିତି ସାରିଲାଣି।
ପଚାଶ ବର୍ଷ ତଳେ ସେ ଗାଁର ମାନଚିତ୍ର
ଯାହା ଥିଲା ଏବକୁ ତ ପୂରାପୂରି ବଦଳି
ଯିବଣି। ପଚାଶ ବର୍ଷ ତଳର କ୍ଷତ ଚିହ୍ନ
ସେ ପିଲା ଦେହରୁ ଏଯାଏଁ ଲିଭିନି
ତଥାପି, ଜିଦିଖୋର ଏକବାଗିଆ ସେ
ପିଲାଟି ତା ଗାଁକୁ ଏଯାଏଁ ଭୁଲି ପାରୁନାହିଁ।

ଏତେ ଉଛୁରରେ କାହିଁକ ଆଉ ଗାଁକୁ
ସେ' ଯିବ ? କାର୍ତ୍ତିକା ଜୁବୁଲା ବିଷ୍ଣୁ ନା,
ବାସଂତୀ ନା, ଝୁନୁ ଅପା କେହି କଣ
ତା ପାଇଁ ସେଠି ଆଉ ବସି ରହିଥିବେ
ଯେ' ଗାଁକୁ ଯାଇ ସେମାନଂକ ପାଖେ
ନିଜ ନିର୍ଦ୍ଦୋଷତାର ପ୍ରମାଣ ବାଢ଼ି ବସିବ ?
ଏତେ ଉଛୁରରେ ଆଉ କାହିଁକି ବା ଯିବ। ▪▪

ଶ୍ରାବଣ ଆସୁଛି

କାହା ପାଇଁ ମେହେଂଦୀ କରିଛ ହାତରେ
ପାଦରେ ଉତ୍ତର ଚାଳିଶ ପରେ ? କାହା
ପାଇଁ ଜାଗର ଜାଳୁଛ ବସି ଦିକିଦିକି
ଦିହୁଡ଼ି ଆଲୁଏ ନିଶାର୍ଦ୍ଧରେ ?

ଆଖିରେ ଗାଢ଼ କଜଳ, ମଥାରେ ସିଂଦୂର
ନାଇ କୋଉ ନବାଗତ ଅତିଥିଂକ ପାଇଁ
ସ୍ୱପ୍ନର ଇମାରତ ଗଢୁଛ ବସି
ଧୂ ଧୂ ଖରାବେଳେ ନିଶୂନ ନିର୍ଜନ ଘରେ ।

ସାରା ରାତି ରୋଷଣୀ ଚାଲିଛି ଏଠି
ଅଥଚ, ଯୋଉ ଅନ୍ଧାରକୁ ସେଇ ଅଂଧାର

ଅଂଧାରରେ ଅସୁରୁଣୀ ଦୋଳି
ଖେଳୁଛି ବସି ବର ଓହଳରେ
ଅର୍ଥହୀନ ପ୍ରତିଶ୍ରୁତିର ଅବୋଧ ଚଢ଼େଇ
ଚକ୍‌କର କାଟି ଉଡ଼ି ବୁଲୁଛି ଫିକା
ଜହ୍ନ ଆଲୁଅରେ, ନୀଳ ନଭରେ।

ସ୍ମୃତିର ଦୀପରେ ଦିଆ ଜାଳିବାର
ବେଳ, ମୌନ ଆକାଶ ଓଠରେ
ମେଘର ଗଜଲ
ନିର୍ମୋହ ଶ୍ରାବଣରେ ମଦଭରା
ଅଳସ ରାଗିଣୀ, ରିମ୍‌ଝିମ୍ ବରଷାରେ
ଭିଜିଭିଜି ଆତୁରେ ଡାକୁଛି
'ଆସ ଦେବୀ, ଆସ ଗୋ ମିତଣୀ।'

କାହା ପାଇଁ ମେହେଂଦୀ କରିଛ
ହାତ ପାଦ ସ୍ତନ ଓ ନାଭିରେ ?
ଦେଖ ଦେଖ, ଶ୍ରାବଣ ଆସୁଛି ବୋଲି
ହୁରି ପଡ଼ିଲାଣି ଅଗମାଗମ ଏଇ
ଶ୍ୟାମ ବନାନୀରେ।

ଶେଷବେଳା

ଆଜିକାଲି କିଛି ଆଉ ମୋର ମନେ ରହୁ ନାହିଁ।

କାଲି ରାତି ଅଧରେ ମତେ ଦେଖିବାକୁ
କିଏ କିଏ ଆସିଥିଲେ ମୁଖା ପିଂଧି ଯେ'
ଘରକୁ! ମୁଁ ବୁଝି ପାରୁ ନଥିବା ଭାଷାରେ
କଣ କଣ ସବୁ କଥା ହେଉଥିଲେ, କଣ ମତେ
ଖୁଆଇଲେ ପିଆଇଲେ, ଗାଡ଼ିରେ ବସେଇ
କୋଉଠିକି ନେଲେ କିଛି ମନେ ନାହିଁ।

ମନେ ନାହିଁ ଆମ ବିବାହ ବାର୍ଷିକୀର
ନିର୍ଦ୍ଦିଷ୍ଟ ଦିନ କି, ତାରିଖ। ପାପୁନ୍ ଓ
ରିକୁନ୍‌ର ଅନ୍ନପ୍ରାଶନର ତିଥି କି, ନକ୍ଷତ୍ର
ମନେ ପଡୁ ନାହିଁ ଆଉ ରାଧାମୋହନଂକ

ଘଂଟ ଘଂଟା ବଂଶୀସ୍ୱନ,
ଜେଜେଂକପାଖେ ଜାକିଜୁକି ବସି
ମାଘ ସଂଜରେ ଶୁଣୁଥିବା ଭାଗବତ ବାଣୀ,
କି, ମେଳଣ ତୋଟାରେ ଲୁଚିଛପି ପ୍ରଥମ
ଥର ପାଇଁ ମତେ ଚୁମା ଦେଇଥିବା ସେ'
ବଢ଼ିଲା ଝିଅର ନାଆଁ ଓ ଠିକଣା କି,
ସକାଳର ସଂବାଦପତ୍ରରେ ପଢ଼ିଥିବା
ଘଟଣାର ଶିରୋନାମା, କିଛି ମନେ ନାହିଁ।

ଆଜିକାଲି କାହିଁକି ଏମିତି ହେଉଛି!
ବାକି ରହି ଯାଇଥିବା ଆୟୁଷର ସବା
ଶେଷ ପାହାଚ ପାଖରେ ମୁଁ କଣ
ପହଂଚି ସାରିଲେଣି?
ଶେଷ ପାହାଚରେ ପାଦ ରଖିବା ପରେ
ଯାହା ଯାହା ଘଟିବା ଅବଧାର୍ଯ୍ୟ ଥିଲା
ସେସବୁ ଗୋଟି ଗୋଟି କରି ଘଟିବାକୁ କ'ଣ
ଆରମ୍ଭ କଲାଣି?

ଶେଷବେଳା ଆସିଯିବା କଥା କେହି କେହି
ମୋ ମୁଂଡ଼ ପାଖେ ବସି ନିଜ ନିଜ ଭିତରେ
କୁହାକୁହି ହେଉଥିଲେ ଯେଉଁମାନେ ମୋ'
ଅସୁସ୍ଥତା ବାର୍ତ୍ତା ପାଇ
କାଲି ରାତିରେ ମତେ ଦେଖିବାକୁ ଏଠିକି
ଆସିଥିଲେ, ସେମାନେ କ'ଣ ଜାଣିଶୁଣି
ଶେଷ ଯାତ୍ରାରେ ମୋର ଯୋଗଦେବା ପାଇଁ
ଅଟକି ରହି ଯାଇଥିଲେ?

ଦିନ ପଳ ଦଂଡ଼ ମାସ ବର୍ଷ ବର୍ଷ ଶେଷରେ
ଯେଉଁ ବେଳା ଦିନେ ନା ଦିନେ ଆସିବା
ସ୍ଥିର-ନିଶ୍ଚିତ ତାହା କ'ଣ ଏଡ଼େ ବେଗି

ଆସିଗଲା ? ଶେଷବେଳା ଆସିବା କଥା
ନିଧାର୍ଯ୍ୟ ହେଲା ପରେ ଆଉ କାହା
ଭଲମଂଦ ଖବର ଜାଣିବାକୁ ମୋର ଆଦୌ
ଆଗ୍ରହ ନ ଥିଲା ।
ପାରଦଛଡ଼ା ଦର୍ପଣରେ ନିଜ ମୁହଁ
ଜାଗାରେ ପିତା ପ୍ରପିତାମାନଙ୍କ ମୁହଁ
ଆକୃତିର ମୁହଁସବୁ ଚଲାମେଘ ପରି
ଭାସି ଉଠୁଥିଲା ।

ମୁଁ ଚାହୁଁ ନ ଥିଲି କି' ପତ୍ନୀ ପୁତ୍ର ବଂଧୁବାଂଧବଂକ
ଗହଣରେ ଆଉ କିଛି ଦିନ ଜିଇ ରହିବାକୁ ?
ମୁଁ ଚାହୁଁ ନଥିଲି କି ମୋ ଦୁଃଖଦ ଅତୀତ
ଓ ଅନିଶ୍ଚିତ ଭବିଷ୍ୟତ ପାଇଁ କାଂଦ କାଂଦ
ଅବସ୍ଥାରେ ଅଧା ଲେଖା କବିତାର ସବା
ଶେଷ ଧାଡ଼ିଟିକୁ କଷ୍ଟେମଷ୍ଟେ ଶେଷ କରିବାକୁ ?
ମୁଁ ଚାହୁଁ ନଥିଲି କି' ବଳ ବୟସ ଥିବା ଯାଏଁ
ଆଜୀବନ ମୋ ରୋଗିଣା ସ୍ତ୍ରୀଂକ ସେବାରେ
ବାକୀଥିବା ଦିନ କାଟିବାକୁ ?

ନୂଆ ନୂଆ ପକ୍ଷୀ ଶାବକମାନେ ଯିଏ
ଯାହା ବାଟରେ ଉଡ଼ିଉଡ଼ି ଗଲେ ।
ଅକାତକାତ ପାଣିରେ ଉବୁଟୁବୁ ହେଉଥିବା
ଅଭାଗାଟିର ମନ କଥା ବୁଝିବାକୁ କେହି
ଜଣେ ପାଖରେ ନଥିଲେ
ଯେଉଁ ବାଟେ ଲୁଚିଛପି ଚାଲିଯିବା ପାଇଁ
ବହୁ ଆଗରୁ ମନେ ମନେ ଠିକ୍ କରିଥିଲି
ସେ ବାଟେ ନ ଯାଇ
ଯେଉଁ ବାଟେ ଯିବା ପାଇଁ ତରବର ହୋଇ
ପାଦ ବଢ଼େଇଲି ସେ ବାଟ ଶେଷ

ହୋଇଛି କି ଦୂର ଦିଗଂତରେ ? ନା ଦିଗଂତର
ଆର ପାରେ ଅନ୍ୟ କୋଉ ନଥିବା ଗ୍ରହରେ ?

ଆଗକୁ ଆଗକୁ ଲଂବି ଯାଇଥିବା ବାଟ
ସରିଛି ଯେଉଁଠି ସେଠୁଁ ପୁଣି କେତେକେତେ
ନୂଆ ନୂଆ ଅଜଣା ବାଟ ଆରଂଭ
ହୋଇ ଅତଳତଳରେ ଯାଇ ମିଶିଅଛି
ଏକା ଏକା ଯିବା ପାଇଁ ଅଗୁରୁ ଚଂଦନ
ନାଇ ମୁଁ ତ କାହିଁ କେତେ ବର୍ଷ ତଳୁ
ଧୈର୍ଯ୍ୟ ଧରି ସଜବାଜ ହୋଇ ବସିଅଛି ।

ବିଦାୟ

ଏଇର ସମୟ ଆସିଛି ତମଠୁଁ
ବିଦାୟ ନେବାର, ଅଂତିମ ଚୁମାଟି
ପାଇଁ କୁନି ପୁଅ ପରି ତମ ପାଖେ
ନସରପସର ହୋଇ ଅଳି କରିବାର।

ଏଥର ସମୟ ଆସିଛି ମାୟା
ମମତାର ଡୋରି କାଟି ନିର୍ମମ ଏପ୍ରିଲ୍‌ର
ନିଥର ଆକାଶେ ଚୁପ୍‌ଚାପ୍ ନିଃଶବ୍ଦରେ
ନିଶ୍ଚିହ୍ନ ହେବାର। ହୃଦୟର ଚଂଦନ
ବନରେ ବହୁ ବର୍ଷ ତଳେ ରୋପିଥିବା
ସ୍ମୃତିର ଚାରାକୁ ଭାଂଗିଭୁଂଗି ନଷ୍ଟ କରିବାର
ନିରୋଳା ବେଳାରେ କାହାକୁ କିଛି ନ କହି
ମାୟାମେଘ ପରି ଅଚାନକ ଅଦୃଶ୍ୟ ହେବାର।

ବିଦାୟବେଳାରେ ଭୋର ଆକାଶର
ରଂଗୀନ ଚଢ଼େଇ ପରି ତମେ କାହିଁକି
ଆସି ମୁହଁ ଦେଖାଉଛ ?
କିଚିରିମିଚିରି ଶବ୍ଦରେ ଅର୍ଥହୀନ
ନାନାବାୟା ଗୀତ ଗାଇ ମନ ମୋ ଦହୁଛ ?

ଆମ ପ୍ରେମ ଝରି ପଡୁଥିବା କୁହୁଡ଼ି ଘେରା
ରାତିର ଧାରେ ସଜଳ କଜଳ ଲୁହର
ଧାର, ମୁଁ କୋଉ ନ ଥିବା ରାଜ୍ୟର ଜଣେ
ଅନଭିଗ୍ୟଂ ଲଂପଟ ନାଗର। କାଗଜର
ଗୁଡ଼ି ପରି ଉଡ଼ିଉଡ଼ି ଉଡୁଛି ମୁଁ
ମାଟିରୁ ଆକାଶ ଏବଂ ଆକାଶରୁ
ଅନ୍ୟ କେଉଁ ଆକାଶ ଲୋକକୁ
ସ୍ୱପ୍ନରୁ ସ୍ୱପ୍ନଲୋକକୁ। ଅଂତିମ ଚୁମାଟି
ପାଇଁ ତମ ପାଖେ ଅଳି କଲାବେଳେ
ତମେ ପାଲଟି ଯାଉଛ ସାକ୍ଷାତ୍ ମୂର୍ଦ୍ଧାର।

ଏଥର ସମୟ ଆସିଛି ହସି ହସି
ତମଠାରୁ ସବୁଦିନ ପାଇଁ ବିଦାୟ ନେବାର।

ଏବେ ନୁହେଁ

ଏବେ ନୁହେଁ, କେବେ ପୁଣି ନ ଦେଖିଲା
ପରି ଦେଖା ହେବ ଭରପୂର ଶୃଂଗାରର
ବର୍ଷାଭିଜା ସଜଳ ରାତିରେ, ବିଳଂବିତ
ପ୍ରହରରେ ମିଂଜିମିଂଜି ତାରଂକର
ଅଂତହୀନ ଅଭିସାର ଚାଲିଥିବ ଚଂଦ୍ରାଲୋକେ
ଆକାଶଲୋକରେ ।

ବିଜୁଳିର ଝକମକ ଜରି ଶାଢ଼ି ଖଂଡ଼େ
ପିଂଧି ତମେ ଆସିବ କି ସଚିତ୍ର
ସଂଧ୍ୟା ରଥରେ ?
କୋମଳ ମହକେ ଭରା ମତୁଆଲା
ମଂଦ ପବନରେ ?
ସବୁଜିମାର ଗଜରାମାଳରେ ସଜେଇ

ତମ ଗଭା ତମେ ଆସିବ କି' ଥରେ
ଉଜ୍ଜ୍ୱଳ ଅଂଧାର ରାତିରେ ?

ତମ ଦୁଇ ନୀଳ କ୍ଲାଂତ ଆଖିରେ
ଅଲେଖା କବିତାର ଲକ୍ଷେ ସୂର୍ଯ୍ୟୋଦୟ
ନିଃଶ୍ୱାସରେ ମଧୁଗଂଧର ଅନେଶୋତ ହାୱା
ଅଳସ ପଦପାତରେ ନୂତନ
ଋତୁର ଆଶା ବୈତରଣୀ,
ନୀଳ ନଭର ଝଲମଲ ସୁବର୍ଣ୍ଣ
କପାଳରେ ଅନାହତ ଅପୂର୍ବ ରାଗିଣୀ
ପ୍ରଗ୍ୟାଂରେ ପୁରୁଷାର୍ଥରେ
ପ୍ରସ୍ଥାନରେ ବ୍ୟାକୁଳ ବଂଶୀର ଥରଥର ବୁକୁଫଟା ସୁର
ଘରବାହୁଡ଼ା ପକ୍ଷୀପଲଂକ ସାମଗାନରେ
ଲୋଭନୀୟ ପ୍ରେମର ଗୋଲଗାଲ ସୁନୀଳ ହସ୍ତାକ୍ଷର ।

ନିଥର ନିର୍ମେଘ ଆକାଶେ ନିର୍ମୋହ
ପ୍ରଣୟର ମଦଭରା ଅଳସ ରାଗିଣୀ ।
ତମ ମୁଦ୍ରା ଓ ଲୟର ଅପୂର୍ବ ଛଂଦରେ
ମୁଁ ମଧୁଭରା ରାତିର ଦଲକାଏ ମସ୍ତ ପବନ ।

ଏବେ ନୁହେଁ, କେବେ ପୁଣି ଦେଖି
ନ ଦେଖିଲା ପରି ତମ ସାଙ୍ଗେ ଦେଖା
ହେବ ଶୃଂଗାରରେ ଭରପୂର କଜଳ
ରାତିରେ ବିଧୁନିତ ପ୍ରହରରେ,
ଅଂତହୀନ ଅଭିସାର ପର୍ବ ଚାଲିଥିବ
ମିଳନ ଓ ବିରହର ଯଗ୍ୟଂ ବେଦି ପରେ ।

ଶ୍ରୀ ଠାକୁରାଣୀ

ଏଠିକି କାହିଁକି ଆସିଛ ଆଉ ଏତେ ଉଛୁରରେ ?
ଯାହା ଯାହା ଦେବାକୁ ତମକୁ ଦିନେ
କଥା ଦେଇଥିଲି ସେଥିରୁ କିଛି ବାକୀ
ରହିଗଲା କି' ଯାହା ତମେ ସୁଧ ମୂଳ
ହିସାବ କରି ନେବାକୁ ଆସିଛ
ମୋ ଯିବା ବେଳରେ !

ସାରା ଜୀବନକାଳ ତ ବାରବୁଲା
ଭିକାରିଟେ ଭଳି ବୁଲିବୁଲି
ଦିନ କାଟି ଦେଲି। ଏବେ ଯୋଉ
ଭିକାରିକୁ ସେଇ ଭିକାରି ହୋଇ
ରହିଛି ଯାହା ଥିଲା ମୋ ପାଖେ
ସବୁତ ତମକୁ ବହୁ ପୂର୍ବରୁ

ଶିରା ପ୍ରଶିରାରୁ ପୋଷପୋଷ ତାଜା
ରକ୍ତ ଦେଲି, ଦଂଡ଼ି ତରାଜୁରେ ମାପିଚୁପି
ଶ୍ୟାମଳ ଅଂଗରୁ ମୋର ପଳପଳ
ମାଂସ ମେଦ କାଟିକୁଟି ଦେଲି
ଭରପୂର ସ୍ନେହ ପ୍ରେମ ମମତାର ଦୁର୍ମୂଲ୍ୟ ପଦାର୍ଥ
ଦେଲି ପ୍ରେମ ଦେଲି ଅଂଟି ଭରି ଆଶା ଭରସାର
ନିର୍ଭୟ ଆଶ୍ରୟ ଦେଲି,
ସବୁ ଦେଲାପରେ ଯୋଉ ଭିକାରିକୁ
ସେଇ ଭିକାରି ହୋଇ ଶେଷକୁ ରହିଲି ।

ଏବେ ଏବେ ଯେଉଁଠିକି ଯିବା ପାଇଁ
ବେଶଭୂଷା ହୋଇ ବାହାରିଛି ସେ'
ଅଜଣା ଜାଗାର ସଂପୂର୍ଣ୍ଣ ଠିକଣା
କ'ଣ ମତେ ଜଣା ଅଛି ?
ଛାଇ ପରି ମୋ ପଛେପଛେ ଅଣନିଃଶ୍ୱାସୀ
ହୋଇ ଧାଇଁଧାଇଁ ତମେ ବା' କାହିଁକି
ସେ ନଥିବା ଜାଗାର ଠାବ ଠିକଣା
ଖୋଜି କାଢ଼ି ବାହାର କରିବ
ତମର କୋଉ ଗରଜ ପଡ଼ିଛି ?

ତମେ ଏଠିକି ଆସି ପହଂଚିବାର
ବହୁ ଆଗରୁ ମୋର ଯିବା ବେଳ
ଠିକ୍‌ଠାକ୍ ହୋଇ ସାରିଥିଲା । ଯେତେ
ଯାହା ଦୁର୍ଲ୍ଲଭ ପଦାର୍ଥମାନ ମୋ
ସାଂଗରେ ଯିବାର ନିଧାର୍ଯ୍ୟ ଥିଲା
ଯେମିତି କି' କର୍ପୂର ଅଗୁରୁ ଗୋଳା
ତିଳକ ଚନ୍ଦନ, ଖଇ କଉଡ଼ି,

ଗଂଗାଜଳ ଓ କିଛି ଗେଂଡୁ ଫୁଲମାଳ,
କଣିକାଏ ମହାପ୍ରସାଦ ଓ ନିର୍ମାଲ୍ୟ
ଚାଉଳ, ଖଂଡ଼େ ଅଧେ ଚଂଦନ କାଠ
ଜହ୍ନ ଆଲୁଅ ରଂଗର ଅରଖ
ନୂଆ ଲୁଗା ଓ ଛ ଖଂଡ଼ି ବାଉଁଶରେ
ଗଢ଼ା ଚଉଦୋଳ ଇତ୍ୟାଦି ଇତ୍ୟାଦି
ଦ୍ରବ୍ୟମାନ ଯୋଗାଡ଼ ସରିଥିଲା ।

ଖରାଖିଆ ଅପୂଜା ଅମାଜଣା
ଠାକୁରାଣୀ ଭଳି ଯେ' ବେଳାରେ
ତମେ କାହିଁକି ଆସିଲ ?
ଅଧବାଟରୁ ମତେ ଭୁଲେଇଭାଲେଇ
ନେଇ ଆଉ କୋଉ ନୂଆ ନରକରେ
ଛଟପଟ କରି ମାରିବାକୁ
ଚାହୁଁଥିଲ ? ସାରା ଜୀବନକାଳ ତ
ଶ୍ରୀ ଠାକୁରାଣୀ ଭଳି ବେଳଅବେଳରେ
ମୋ ଦେହରେ ଅବିକଳ ଉଭା ହୋଇ
ଛଳ ଛଦ୍ମରେ ମୋର ସର୍ବସ୍ୱ ଲୁଟିଲ ।

ଇହ ପରକାଳର, ଜନ୍ମ ଜନ୍ମାଂତରର
ମୁଁ ତମର ଶତ୍ରୁ ଥିଲି କି
ମୋ ଉପରେ ଦାଉ ସାଧିବାକୁ
ଶେଷ ଥର ପାଇଁ
ପୁଣି ଆସିଗଲ ?
ନା, ମତେ ଶାଂତିରେ ଏଠି ଟିକେ
ଜିଇବାକୁ ଦେଲ ନା,
ଶାଂତିରେ ଟିକେ ଶେଷବେଳାରେ
ମରିବାକୁ ଦେଲ ।

■■

ଭିଡ଼ ଭିତରେ

ଚାଳିଶ ବର୍ଷ ଭିତରେ ଥରଟିଏ ତାଂକ
ସାଂଗେ ମୋର ଦେଖା ହୋଇ ନାହିଁ
କୋଉ ଭୋଜିଭାତ ସଭାସମିତି କି,
କାହା ଅଂତେଷ୍ଟି କ୍ରିୟାରେ। ଚାଳିଶ ବର୍ଷ
ଭିତରେ ଯିଏ ଯାହା ବାଟେବାଟେ ଆମେ
ଯା' ଆସ କରୁଥିଲୁ ଯେହେତୁ ଆମ
ପ୍ରେମ ପରି ନାହିଁ ନ ଥିବା ପ୍ରେମ
ଆରଂଭ ହେଉ ନ ହେଉଣୁ ଶେଷ
ହୋଇ ଯାଇଥିଲା ଭିଜା ଭିଜା
ଶରତ ଋତୁରେ।

ଚାଳିଶ ବର୍ଷ କେତେବେଳେ ଚାହୁଁଚାହୁଁ
ଆମ ଅଜାଣତରେ ଯା ଭିତରେ

ବିତି ସାରିଲାଣି, ଘଟଣାକ୍ରମରେ
ଆଖି ଦେଖି ନ ଥିବା କେତେକେତେ
ଆଚଂବିତ ଘଟଣା ଏଠି ଘଟିଲାଣି
ଯେମିତି କି, ସ୍କୁଲ କଲେଜ ବେଳର
କେତେକେତେ ପ୍ରିୟ ସାଂଗସାଥି
ମତେ ଆଦ୍ୟରୁ ଭଲ ପାଉ ନଥିବା
କେତେଜଣ ସମଧର୍ମା ବଂଧୁ ଓ
କିଛି ଈର୍ଷା ପରାୟଣ ଆତ୍ମୀୟ ସ୍ୱଜନ
ଅବଲୀଳାକ୍ରମେ ଚିର ବିଦାୟ
ନେଇ ଯିଏ ଯାହା ବାଟରେ ଗଲେଣି
କେତେ ଭୟାବହ ଯୁଦ୍ଧ କେତେ
ରକ୍ତପାତ ଓ କେତେ କେତେ
ଘମାଘୋଟ ବିସ୍‌ଫୋରଣରେ ବିଅର୍ଥ
ଜୀବନର ପରିଭାଷା ସଂପୂର୍ଣ୍ଣ ବଦଳି ଗଲାଣି ।

ଶରତର ଉଦ୍‌ଭ୍ରାଂତ ସଂଜରେ ବାବନାଭୂତ
ଭଳି ଘୂରି ଘୂରି ଦିନେ ମୁଁ ବୁଲୁ
ନଥିଲି କି' ଗଳିରୁ ଗଳିକୁ ?
ମଂଦିରରୁ ରାମକୃଷ୍ଣ ମଠ ଓ ରାମକୃଷ୍ଣ
ମଠରୁ କେତେବେଳେ ପରିତ୍ୟକ୍ତ
ମଂଦିର ବେଢ଼ାକୁ ?
ଛିନ୍ନ ମୂଳ ମଲା ଗଛ ପରି ମାଟି
କାମୁଡ଼ି ପଡ଼ିବା ଆଗରୁ ଚାହିଁ ନଥିଲି କି
ମୁଁ ଲାବଣ୍ୟ ଜରଜର ତମ ମୁହଁ
ଶେଷଥର ପାଇଁ ଥରେ ଦେଖିବାକୁ ?

ଏତେ ଭିଡ଼, ଏତେ ବେଶୀ ଗହଳ ଚହଳ
ଏଠି ଲାଗିଛି ଯେ' ଯୁଆଡ଼େ ଚାହିଁଲେ
ଚିହ୍ନା ମୁହଁ ଗୋଟିଏ ବି' ଆଖିକୁ
ଦିଶୁନି, ଯେଉଁ ଅଧ୍ୟାୟଟି ଦିନେ

ଆରଂଭ ନ ହେଉଣୁ ଶେଷ ହୋଇ
ଯାଇଥିଲା ସେ’ ଅଧ୍ୟାୟର
ପୁନରାବୃତ୍ତି ହେବା ଆଶା ଆଉ ଦିଶୁନାହିଁ।

ଏ ବିଷମ ବେଳାରେ ଏତେ ଭିଡ଼୍
ଭିତରେ ତମେ ଏ ଜାଗାକୁ କାହିଁକି
ଆସିଲ ? ଲୁହ ଡବଡ଼ବ ଆଖିରେ
ଯାହାକୁ ଭିଡ଼ ଭିତରେ ଏଠି ଖୋଜୁଥିଲ
ସେ କ’ଣ ଖଂଡ଼ମଂଡ଼ଳ ଭିତରେ ଆଉ
ଥିଲା କି ? ଜଳୀୟ ବାଷ୍ପ ହୋଇ
କୋଉ ପ୍ରାଚୀନ ପୋତାଶ୍ରୟ କି,
କୋଉ ବିପଦଶଂକୁଳ ଅଣ-ଓସାରିଆ
ଅଂଧାର ସୁଡ଼ଂଗ କି, ଧୂଆଁଳିଆ
ପର୍ବତମାଳାର ଶିଖରରେ ସେ’
କେବେ ଠୁଁ ଯାଇ ରହିଲାଣି ତାହା ତମେ
ଜାଣି ନଥିଲ କି ?

କାହାକୁ ଖୋଜୁଛ ଏଠି ଆଉ
ଏ’ ଭିଡ଼ ଭିତରେ ପୁଣି,
ଏତେ ଆଗ୍ରହରେ ?
ଯାହାକୁ ଖୋଜୁଛ
ବିପର୍ଯ୍ୟସ୍ତ ରୂପଭେକରେ ସେ କ’ଣ
ଅସମାପ୍ତ କବିତାର ଦୁଇଟି ବାକ୍ୟାଂଶ
ମଝିରେ କେବେଠୁଁ ଯାକ ଅଟକି
ରହିଛି କି, ତାକୁ ତମେ ଖୋଜୁଛ
କାହିଁକି, ତମେ ତ ଆସିଛ ଜାଣିଶୁଣି
ଏଠିକି ଏତେ ଉଛୁରରେ।

■■

ଦିନେ ରାତିରେ

ଦିନେ ରାତିରେ ଆଲପ୍ରାକ୍ସ ଖାଇ ଉତ୍ତର
ଦିଗକୁ ମୁହଁ କରି ସେ ଶୋଇଲେ ଆଉ
ମୁଁ ଦକ୍ଷିଣ ଦିଗକୁ। କିନ୍ତୁ, ସେ କ'ଣ
ଶାଂତିରେ ଟିକେ ଶୋଇ ପାରିଲେ ?
ନିଦ ଭଲ ନ ହେବାରୁ କାଂଥକୁ
ଆଉଜି ବସି ଖାଲି ବ୍ୟତିବ୍ୟସ୍ତ ହେଲେ।
ତାପରେ, ତାଂକର କ'ଣ ହେଲା କେଜାଣି ?
ଅଝଟିଆ ପିଲା ପରି କଇଁ କଇଁ କାଂଦଣାରେ
ମୋର ନିଦ ଭାଙ୍ଗିଦେଲେ।

ଏହା ତାଂକର ଥିଲା ବର୍ଷ ବର୍ଷର ପୁରୁଣା
ଅଭ୍ୟାସ ଓ ସେ' ଭଲ ଭାବେ ଜାଣିଥିଲେ ଯେ'
ମୁଁ ଥିଲି ଗୋଟେ ଚଡ଼ିଚିଡ଼ା ସ୍ୱଭାବର ଅଜବ

ମଣିଷ। ଆଖି ମଳିମଳି ଲୁହ ଛଳଛଳ ତାଂକ
ମୁହଁକୁ ମୁଁ ଘଡ଼ିଏ ଚାହିଁଲି
କିଛି ନ କହି ନିଆଁ ଧରୁ ନ ଥିବା ଜୁଇ
କାଠ ଭଳି ଭିତରେ ଭିତରେ ଖାଲି କୁହୁଳିଲି

ରାତି ପାହିବା ପୂର୍ବରୁ ଘର ଛାଡ଼ି, ସ୍ତ୍ରୀ ପୁଅ
ବୋହୂ ନାତି ନାତୁଣୀଂକି ଛାଡ଼ି, କୋଉ ଅଗ୍ନାଗ୍ନି
ବନସ୍ତର ପାର୍ବତ୍ୟ ଉପତ୍ୟକାରେ, ପିଚାଶୁଣୀମାନେ
ଛୁଆ ପିଲା ଧରି ସୁଖରେ ବାସ କରୁଥିବା ଆମ ଗାଁ
ଭାନୁଘର ମଶାଣିରେ କି, ବଇଷମ ବାରିର
ବୁଢ଼ା ବରଗଛ ପତ୍ର ଗହଳିରେ ଦିଗହରା
ପକ୍ଷୀ ପରି କିଛି ଦିନ କାଳ ଥକ୍କାମାରି
ବସି ଯିବିବୋଲି ଠିକ୍ କଲି, କିଂତୁ, ସେ'
ଅପୂର୍ବ ଅନିଂଦ୍ୟ ସୁଂଦରୀକୁ ଛାଡ଼ି କୋଉଠି
କ'ଣ ଶାଂତିରେ ଟିକିଏ ରହି ପାରିଲି ?

ତେତିଶ ବର୍ଷ ଏକାଠି ଗୋଟେ ଛାତ ତଳେ
ଦିନ କାଟିବା ଭିତରେ ଭୁଲ୍‌ରେ ଥରେ ଭାବିନି
ଉତ୍ତର ଦିଗକୁ ମୁହଁ କରି ଯେଉଁ ନାରୀଟି
ପ୍ରତି ରାତିରେ ମୋ ଶେଯରେ ଶବ ପରି
ପଡ଼ି ରହୁଥିଲା ସେ' କେବେ କଣ ମୋର ପତ୍ନୀ
କି, ପ୍ରେମିକା ଥିଲେ ? ପରିତ୍ୟକ୍ତ ମଂଦିରର
ଅପୂଜା ଠାକୁରାଣୀ ଭଳି ତଥାପି ସେ ବୁଢ଼ି
ଝମଝମ କରି ପ୍ରତି ରାତିରେ ଆସି ଉଭା ହେଉଥିଲେ।

ଠାକୁରାଣୀ ବେଶରେ ବାକୀଥିବା ଦିନ କାଳ
ମୋ ପାଖେ କାଟିବା ଯଦି ତାଂକ ଭାଗ୍ୟରେ
ଲେଖାଥିଲା, ଯଦି ତାଂକ ଲାଲ ଟୁକୁଟୁକୁ
ଓଠର ଗଭୀର ହ୍ରଦରେ ସୂର୍ଯ୍ୟାସ୍ତ ପରେ
ନିତି ମତେ ବୁଡ଼ି ମରିବାକୁ ଥିଲା, ଯଦି

ତାଂକ ମୁଖନିଃସୃତ ବଚନରେ ଆଖପାଖର
ବାୟୁମଂଡ଼ଳ ପରିସ୍ନାତ ହେବାକୁ ଥିଲା, ଯଦି
ସେ' ମମତାମୟୀଙ୍କ ଅମୃତ ସ୍ପର୍ଶ ଓ ସାନ୍ନିଧରେ
କାହା ଉଜୁଡ଼ା ସଂସାର ଫୁଲ ଫଳରେ
ହସି ଉଠିବାକୁ ଥିଲା ସେ କାହିଁକି ପଣବଂଦୀ
ପରି ଏତେ ଦିନ ଯାଏଁ ପଡ଼ି ରହିଥିଲେ
ୟେ' ଅଭାଗା ଘରେ ?
ହସି ହସି କାହିଁକି ଏଠିକି ଆସୁଥିଲେ
ନିର୍ମୋହ ଶରତର ଅଧା ଛାଇ ଅଧା ଆଲୁଅରେ ?

ସେଦିନ ରାତିରେ ଅକସ୍ମାତ୍ ତାଂକୁ ଠାକୁରାଣୀ
ବେଶଭୂଷାରେ ଦେଖି ମୁଁ ପ୍ରଥମେ ହଡ଼ବଡ଼େଇ
ଗଲି । ତାପରେ, ଦଂଭ ଧରି ନିଆଁ ହୁଳା ପରି
ଦାଉଦାଉ ଜଳୁଥିବା ଦୁଇ ନୀଳ ଆଖିକୁ
ଚାହିଁ କହିଲି, 'ହେ ମୃଗନୟନୀ
ବିମୃଷ୍ୟକାରିଣୀ, ପାପତାପ ବିନାଶିନୀ !
ହେ ଭଦ୍ରା ଭବତାରିଣୀ, ପାବକନାଶିନୀ !

ଯଦି ୟେ' ଅକିଂଚନର ଶୋକ ଦୁଃଖ ବିଷାଦରେ
ତମ ନିଃଶ୍ୱାସ ପ୍ରଶ୍ୱାସ ଦିନୁଦିନ ରୁଂଧି ହୋଇ
ଯାଉଥିଲା, ଭାବ ଅଭାବରେ ମିଳିମିଶି
ଚଳିବାକୁ ଯଦି ତମର ଆଦୌ ସାମର୍ଥ୍ୟ ନଥିଲା,
ଯଦି ତମେ ଠାକୁରାଣୀ ବେଶେ ଉଭା ହେଲା
ବେଳକୁ ୟେ' ଘର ଛାଡ଼ି ଚାଲିଯିବା
ମୋର ନିତାଂତ ଜରୁରୀ ଥିଲା ମତେ ହେଲେ
ବେଳସୁଁ କହି ଦେଇଥାଂତ, ଜାଣିଥିଲେ ମୁଁ
ଏଠି କ'ଣ ଅଲାଜୁକ ପରି ମାଡ଼ି ମକଚି ପଡ଼ି
ରହିଥାଂତି ତମର ଏ ରୂପ ଦେଖିବାକୁ ?
ତମେ ଦେବୀ କି, ଦାନବୀ ମୁଁ ଜାଣିନି
ଜଣାଥିଲେ ଜଣାଥିବ କେବଳ ତମକୁ । ▪▪

ବାଟ ଛାଡ଼

ଆଜି କି' ତାଂକ ଯିବା ଅଣଚାଳିଶ
ପୂରି ଚାଳିଶ ଚାଲିଲା ।

ଚାଳିଶ ବର୍ଷ ଭିତରେ କେତେ କେତେ ଦୁଃଖଦ
ମୁହୂର୍ତ୍ତ କେତେ କେତେ ଘମାଘୋଟ ଯୁଦ୍ଧ
ରକ୍ତପାତ ନର ସଂହାର ଓ ଡହଳ ବିକଳ
କାଂଦଣା ସ୍ୱରରେ ପାଦ ତଳୁ ମାଟି ଖସିଗଲା
ଯାହା ଯାହା ସବୁ ଏ ହୀନି କପାଳେ ଘଟିବା
ନିର୍ଧାର୍ଯ୍ୟ ଥିଲା ସବୁ ବିଲକ୍ଷଣ ଗୋଟିକ
ପରେ ଗୋଟିଏ ଆସି ଦେଖାଦେଲା ।

ତିନି ପୁରୁଷର ଚଉଦ ବଖରା ମାଟିର
ଦୋପରି ଘର ଅଝଟ ପବନର ଗୋଗଛ

ମାଡ଼ରେ ମଡ଼ମାଡ଼ ଭାଙ୍ଗିରୁଜି ମାଟିରେ
ମିଶିଲା । ପୁଅ ବୋହୂ ନାତି ନାତୁଣୀଂକ ହାତରୁ
ଚାମୁଚେ ଚାମୁଚେ ଗଂଗାଜଳ ପିଇ ସତୁରି
ବର୍ଷର କତରାଲଗା ବୋଉ ମୋର ପୁଷ
ପୂନିଅଁରେ ସବୁ ଦିନ ଆଖି ବୁଜି
ଦେଲା, ଗଲା ତ ଗଲା, ଗଲାବେଳକୁ
ଦିନକ ପାଇଁ ନ ପିଂଧି ସାଇତି ରଖିଥିବା
ମୋଟା କାଚର ଚାଳିଶା ଚଷମା, କହିବ
କହିବ ହୋଇ କହି ନ ପାରିଥିବା ଅକୁହା
ଗପର ପେଡ଼ି ପେଟରା, ଅଧା ଲେଖା
ଅଧା ଅଲେଖା ମଲାଟ ନଥିବା ଭାଗବତ
ବହି, ତିଳକ ଚଂଦନ କାଠ ପେଡ଼ି, ତୁଳସୀମାଳ
କେତେ ଖଂଡ଼ ଅରଖ ନୂଆ ସରୁ ଧଡ଼ିଥିବା
ଧଳା ଶାଢ଼ି, ଧଳା ସାୟା ବ୍ଲାଉଜ୍ ତା' ହାତ
ବାକ୍ସରେ କାହା ପାଇଁ ରଖିଦେଇ ଗଲା !

ବୋଉ ଚାଲିଯିବା ପରେ ଚାରି ଦିଗ ଚଉଦ
ଭୁବନ ଚଉରାଶି ଯୋଜନ ମତେ ଅଂଧାର
ଦିଶିଲା, ଭରା ନଈ ମଝିରେ ଭଂଗା ନାଆରେ
ଚଢ଼େଇ ଦେଇ ବୋଉ ଏକମୁହାଁ ହୋଇ ଗଲା
ଯେ ଗଲା, ଥରୁଟିଏ ଫେରି ନଚାହିଁଲା ।

ଛଳ ଛଦ୍ମର ଭରା ସଂସାରରେ ଥରକୁ ଥର
ବାଟ ହୁଡ଼ି ବସୁଥିଲାବେଳେ ତମେ ମତେ ଆପଣା
ଗୁଣରେ କ୍ଷମା ଦେଇ ଥରେ ହେଲେ ଯଦି ଚୁମାଟିଏ
ଦେଇଥାଂତ, ଘନ କଳା ଛାଇଟିଏ ପରି ମୋର
ପଛେ ପଛେ ଯଦି ନାହି ନାଡ଼ ପରି ଲାଗି ରହିଥାଂତ,
ଯଦି ମୋର ଅନିଶ୍ଚିତ ଭବିଷ୍ୟତ ଓ ମଂଦ ଭାଗ୍ୟର ଶୁଭ
ମନାସି ଠାକୁରାଣୀଂକ ପାଖେ ଘିଅ ଦୀପଟିଏ
ଜାଳିଥାଂତ ପୋଷ ପୋଷ କଂଚା ରକ୍ତ ଦିନେ

ଉଦଂଡ଼ୀ ଅସୁରୁଣୀ ଭଳି ମୋ ଦେହରୁ
ଶୋଷୁଥିଲ ବୋଲି ମୁଁ କ'ଣ କାହା ପାଖେ
କହି ପାରିଥାଂତି ?

ଯେତେ ଦୁଃଖକଷ୍ଟ ମତେ ଦେବାକୁ ଥିଲା
ଠାକୁରାଣୀ ସବୁତ ଦେଲ, ମୁଂଡ଼ ପୋତି
ସବୁ ତ ସହିଲି। ଯୋଉ ଯୋଉ ଦୁର୍ଲ୍ଲଭ
ପଦାର୍ଥମାନ ମନ ଖୋଲି ମାଗିଥିଲ ନିର୍ଲୋଭରେ
ସବୁତ ଦେଲି। ଏଥର ମତେ ଟିକେ ବାଟ
ଛାଡ଼ିଦିଅ, ମୁଁ ତମର ସବୁ ଦୋଷାଦୋଷ
ମାଫ୍ କରିଦେଲି।

■■

ପ୍ରିୟ ମୋର

ଆଜି ତାଂକର ଆସିବାର ଅଛି।

ଆସିବାର ଅଛି ବୋଲି କୁଳ ମାନ
ଇଜ୍ଜତ ମହତ ଭୁଲି ପ୍ରାଚୀନ କାଳରୁ
ପ୍ରଚଳିତ ବିଧିବିଧାନକୁ ଭୁଲି
ସ୍ୱାମୀ ଶାଶୁ ନଣଂଦ ଦିଅରଂକୁ
ଡାହା ମିଛ କହି
ଲୁଚିଛପି ଭରା ଶ୍ରାବଣ ରାତିରେ ଆସିଛି
ଯେ' ଅଗମାଗମ ଶ୍ୟାମ ବନାନୀକୁ।

ମୁଁ ଆସିଛି ଅଥଚ, ତାଂକର ଦେଖା
ଦର୍ଶନ କି, ସୋର ଶବ୍ଦ ନାହିଁ। ଚଂଦନ
ଅଗୁରୁ ମିଶା ତାଂକ ଦେହ ଗଂଧ କେଉଁ

ଲତା ଗହଳିରୁ ଭାସି ଆସୁନାହିଁ। ଝଡ଼ାପତ୍ର
ପରେ ତାଂକ ପାଦ ନୂପୁରର ରୁଣୁଝୁଣୁ
ଶବ୍ଦ ଶୁଭୁ ନାହିଁ।

ଆଖପାଖ ମହୀମଂଡ଼ଳରେ ତାଂକ ଥିବା ନ ଥିବାର
ଚିହ୍ନବର୍ଣ୍ଣ ନାହିଁ, ବେତସ କୁଂଜରୁ ବିରହୀ ବଂଶୀର
ମୂର୍ଚ୍ଛନା ଶୁଭୁ ନାହିଁ, ଘନ ନୀଳ ଯମୁନାର
ଉଛାଣି ସୁଅରେ ଭାସମାନ କେଳିକୁଂଜ ସଜା
ହୋଇ ନାହିଁ। ନିର୍ଜୀବ ରକ୍ତହୀନ ଶରୀରରେ
ମୋର ଜୀବନ ଅଛି କି, ନାହିଁ କହି
ଦେବାକୁ କେହି ଜଣେ ବିଶ୍ୱସ୍ତ
ଆତ୍ମୀୟ କି, ସମଦଶା ଭୋଗୁଥିବା ସଖୀ
ମୋ ଆଖପାଖରେ ନାହିଁ।

ମୁହଁ ଖୋଲି କଥା ପଦେ ନ କହିବା
ତାଂକ ନିୟତ ଅଭ୍ୟାସ। ପଦଟିଏ କଥା
ପାଇଁ ମୁଁ ଆବୋରି ବସିଥିବା
ମୋ' ଅବଶିଷ୍ଟ ଆୟୁଷ ଓ ଅନତିକ୍ରମ୍ୟ
ରମ୍ୟ ଉପବନ ତାଂକ ଅନୁପସ୍ଥିତିରେ
ଦୀର୍ଘ କାଳୁଁ ଖାଁ ଖାଁ ଉଦାସ ଉଦାସ।

ନୀଳୋତ୍ପଳ ଶ୍ୟାମଘନ ତାଂକ
ବର୍ଣ୍ଣୋଜ୍ଜ୍ୱଳ ଛାଇ ପାଳଭୂତ ପରି
କ୍ଷଣ କ୍ଷଣ ମତେ ପଲପଲ କରି ମାରୁଅଛି,
ଭରା ଶ୍ରାବଣର ଅମା ଅନ୍ଧାର ରାତିରେ
ବାଟ ଘାଟ, ପଥ ଅପଥ କିଛି
ବୋଲି କିଛି ନ ଦିଶୁଛି।

ତାଂକ ଆସିବା, ନ ଆସିବା ଅନଶ୍ଚିତ
ଜାଣିଲା ପରେ ମୋର ବା' କ'ଣ ଆଉ

କରିବାର ଥିଲା ?
କ'ଣ ଆଉ କରିଥାଂତି ଯେ !
ଅସ୍ଥିର ଅବାଧ ମନକୁ କଳେବଳେ
ନିଜ ଆୟତରେ ଧରିବାଂଧି ରଖିଥାଂତି !
ଆଶା ଆଶଂକାର ଦଦରା ହୁଲିଡ଼ଂଗାରେ
ଟୋପେ ପାଣି ନଥିବା ଆଶ୍ଚର୍ଯ୍ୟ-ଚକିତ
ଭରା ନଈ ପାରି ହେବାକୁ ମନ କରିଥାଂତି !
ନା, ଓଠ ତଳର ଅଭୁଲା ତିଳ ଚିହ୍ନକୁ
ଦେଖି ତାଂକ ଅନୁପସ୍ଥିତିରେ ଥରକୁ ଥର
ମୂର୍ଚ୍ଛା ଯାଇଥାଂତି !

ମୋ ଆୟତରେ କ'ଣ ଆଉ କରିବାର
ଥିଲା ଯେ' କରି ପାରିଥାଂତି ।

ପାହାଚ

ଉଦ୍‌ଯୋଗ ଥିଲେ କ'ଣ ନ ହୋଇ ପାରିବ ?
ନ ହେବା କାମ ହେବ, ହେବା କାମ ବି।

ହେଇ ଦେଖୁନ ଫେବୃଆରୀ ଶୀତ
ସକାଳର ରଇଜଳା ଖରାର ନାଟକୁ
ପୋଡ଼ିଜାଳି କେମିତି ଶ୍ରୀହୀନ କରି
ଦେଇଛି ଛନ୍ନଛନିଆ ପତ୍ର ଗହଳିରେ
ନଇଁ ପଡ଼ିଥିବା ଗଂଗଶିଉଳି
ଫୁଲରେ ଭର୍ତ୍ତି ଡାଳଟିକୁ
ତଥାପି, କ'ଣ ମୋହମାୟା ଛାଡ଼ି ପାରୁଛି
ସେ ଡାଳ କି, ସେ' ଡାଳର ଫୁଲ କଢ଼ !
କଅଁଳିଥିବା ସବୁଜ ପତ୍ରସବୁ ଶୁଖିଶୁଖି
ଝରି ପଡୁଛି ପୁଣି, ନୂଆ ନୂଆ ପତ୍ର କଅଁଳୁଛି।

ଆମ ଗାଁ ଉପେଂଦ୍ର ସାର୍‌ଂକ କଥା ତ
ତମେ ଶୁଣିଥିବ।

ଦି' ଦିଟା ଦୁହାଁଳିଆ ଜର୍ସି ଗାଇ,
ମ୍ୟାଟ୍ରିକ୍ ପରୀକ୍ଷାର୍ଥୀଂକ ପାଇଁ କୋଚିଂ
ସେଂଟର୍ ତିନି ଏକର ହାତ ଚାଷ
ଜମି ପାଇଁ ଗ୍ରାମ୍ୟ ବ୍ୟାଙ୍କ ଋଣ ଅର୍ଥରେ
ନୂଆ ଟ୍ରାକ୍ଟର କିଣା ପରେ ବି
ଯୋଉ ଅଭାବକୁ ସେଇ ଅଭାବ।

କେବେ ଆଉ ସୁଧୁରିବ ତାଂକ ଅବସ୍ଥା ଯେ' !
ତଥାପି, ଫି ବର୍ଷ ରାଧାମୋହନଂକ
ଜରାଜୀର୍ଣ୍ଣ ମଂଦିର ସାମନାରେ ଯଗ୍ୟଂ କୁଂଡ଼
ତିଆରି ଚାଲିଛି। ଜଳପୂର୍ଣ୍ଣ କଳସୀ
ମୁଂଡ଼େଇ ଗାଁ ମାଇପେ ସାହି ସାହି ବିଶ୍ୱାସରେ ବୁଲୁଛଂତି,
ପୂର୍ଣ୍ଣାହୁତି ପରେ ଯଗ୍ୟଂ ଚରୁ ଘରେ ଘରେ ବଂଟା ଯାଉଛି।

କୋଉଠି ଥିଲା ସେ ନିଉଁଛୁଣିଆ
ଘରବୁଡ଼ା ଲଟାଟି କେଜାଣି ?
ମହାବାତ୍ୟାର ପ୍ରଳୟ ଜଳରେ
ଭାସିଭାସି ଆସି ଲାଗିଲା ଦିନେ,
ଯେ' ଗାଁର ନକ୍‌ସା କ'ଣ ଆଉ ଅଛି ?
ଆମୂଳଚୂଳ ବଦଳି ଯାଇଛି। ତାର
କରାଳ ମୁଖ ଗହ୍ୱରରୁ ଖାଲ ଖମା, ନାଳ
ନର୍ଦ୍ଦମା, ପାଟ କୁଦ, ବାଡ଼ି ବାଗିଚା
କିଛି ଆଉ ଆଗ ପରି ନାହିଁ। ସବୁଠି
ଗୋଟେ ଗୋଟେ ଶ୍ୟାମଳ ଗାଲିଚା ପଡ଼ିଛି।

ତଥାପି, ଦେଖ ସେ ଏକବାଗିଆ
ମଣିଷ ପ୍ରାଣକୃଷ୍ଣର ଜିଦିକୁ
ଅଦ୍‌ଭୁତ ଖିଆଲକୁ,
କେଡ଼େ ବହପରେ ଚାଳିଶ ବର୍ଷ ପରେ
ଦାମିକା କାର୍ ଚଢ଼ି ଗାଁକୁ

ଥରକୁ ଥର ଆସୁଛି ।
'ରାୟମଣି ଭବନ'ର ଇଟା କାନ୍ଥ
ସିମେଂଟ୍ ପାହାଚ ଉପରେ ମାଡ଼ି
ଯାଇଥିବା ସେଇ ଅନାମିକା ଲଟାର ଚେର
ମୂଳ ଓପାଡୁଛି, ଗାଁ ଭାଇଂକ ପାଖେ
ନିଜ ପତିଆରା ଜାହିର କରୁଛି ।

ମିଛିମିଛିକା ମୋହମାୟାର ଅଂଧ
ଅହଂକାରରେ ଘାଂଟି ହେଉଛି ପ୍ରାଣକୃଷ୍ଣ ।
ଘାଂଟି ହେଉଛନ୍ତି ଆମ ଗାଁର
ପୁରୁଖା ମୁରବୀ ଉପେଂଦ୍ର ସାର୍,
ଜେଜେବାପାଂକ ହାତଲଗା ପ୍ରାଚୀନ ଗଂଗଶିଉଳି ଗଛ,
ଗାଁ ଇଷ୍ଟଦେବ ଶ୍ରୀଶ୍ରୀଶ୍ରୀ
ରାଧାମୋହନ ଓ ମୋ' ସ୍ୱଅର୍ଜିତ
ଅର୍ଥରେ ନିର୍ମିତ ଦି' ବଖରାର
'ରାୟମଣୀ ଭବନ' ।

ଶେଷ ପାହାଚରେ ପହଂଚିବା ପାଇଁ ଆଉ କାହାର
କେତୋଟି ପାହାଚ ବାକୀ ଅଛି
ୟେ' ଗାଁରେ କେହି କହି ପାରିବେକି ଦୟା କରି ?

■■

ଅଶୁଭ ବେଳା

ଅଶୁଭ ବେଳାରେ ଅଦିନ ଶ୍ରାବଣ
ପରି ତମେ ଅଚାନକ ଆସିଲ
ମଣିମୁକ୍ତା ବିମଂଡ଼ିତ ଫୁଲ ବିମାନରେ
ସ୍ୱର୍ଦ୍ଧିତ ସମ୍ରାଟ ପରି ମଂଚାସିନ ହେଲ
ମାନ୍ୟଗଣ୍ୟ ଭଦ୍ର ଅତିଥିଂକ ମେଳେ
ହୀରାନୀଳା ଖଚିତ ଅପରୂପ ସଭା ମଂଡ଼ପରେ ।

ଅନିବାର୍ଯ୍ୟ ଦୃଷ୍କୃତିର ଗାଢ଼ାଂଧକାରରେ
ରାତି ହେଲା ସାତ ରାତି ସାତ ନର୍କ
ଚଉଦ ବ୍ରହ୍ମାଂଡ଼ ହେଲା ଏକାକାର
ଶୋକ ଓ ଦୁଃଖର ଜୀବନ
ନିଷ୍କରୁଣ ନିମର୍ମ ନିଷ୍ଠୁର ।

ସହଜ ସରଳ ଭାବେ ମୁଁ ତ ବେଶ୍
ଖୁସିଥିଲି ନିରାପଦ ନିଭୃତ ବୃତ୍ତରେ

ମୋର କିଛି ଉଚ୍ଚାଶା ନଥିଲା
ଦୁର୍ଲ୍ଲଭ ଦେବଲୋକ ପାଇଁ
କାମନା ବାସନା ଆଶା କି, ପ୍ରତ୍ୟାଶା
ନଥିଲା, ଐଶ୍ୱର୍ଯ୍ୟ ସଂଭୋଗ ପ୍ରାପ୍ତି
ଓ ଅପ୍ରାପ୍ତି ପାଇଁ ମୋହ ବି ନଥିଲା,
ନୀରବ ନିଶ୍ଚଳତା ଶୂନ୍ୟର ଆକାଶ
ପରି ଦିଗର ଦିଂଗତ ଯାଏଁ ବିସ୍ତାରିତ
ହୋଇଥିଲା, ତହଡ଼ହ ରହସ୍ୟାବୃତ୍ତ
ସୂର୍ଯ୍ୟାଲୋକେ ଅପରୂପ ଆଲୋକ
ବର୍ତ୍ତିକା ପରି ସର୍ବାଂଗ ଶରୀର ମୋର
ଜଳିପୋଡ଼ି ଦିନକୁ ଦିନ ଭସ୍ମ ହେଉଥିଲା।

ବଂଦ ପଂଜୁରୀର ସାଥିହରା ପକ୍ଷୀ
ପରି ମୁଁ ଆଜୀବନ ଗୃହବଂଦୀ ଥିଲି
ତମ ଅପରୂପ ପ୍ରେମ କାଂଚଲାରେ
ବ୍ୟାସାର୍ଦ୍ଧ ନଥିବା କେଉଁ ମିଛିମିଛିକା
ବୃତ୍ତର ଅର୍ଥପୂର୍ଣ୍ଣ ରୂପଲୋକରେ।

ରୂପଲୋକରେ ଅନିର୍ଦ୍ଧିଷ୍ଟ ଅଥଚ,
ସୁଠାମ ସୁଂଦର ଲୋଭନୀୟ ଜୀବନ
ଥିବା ଯାଏଁ ମୋର ଛାଇ ଦରମଲା
ସାପ ପରି ଛଟପଟ ହେଉଥିବ ସାରା
ରାତି ଉଦାସ ଓ ଉଜାଗରେ। ସାରା ରାତି
ତମ ଅନୁପସ୍ଥିତିରେ ବିରହ ଓ ବିଷାଦର
ଅମା ଅଂଧକାରେ ବିତି ଯାଉଥିବ
ପଲକ ପଡୁ ନ ଥିବା ଆଖିରେ
ଦୁଃଖ ଓ ଯଂତ୍ରଣାର ବିକ୍ଷୁବ୍ଧ
ଲହରୀ ଘନନୀଳ ମାୟାମେଘ କୋଳେ
ଗେରୁଆ ଆକାଶ ତଳେ ଢେଉ ପରେ ଢେଉ ଭାଙ୍ଗୁଥିବ।

ପର୍ବ

ଅପରୂପ ବୈଭବରେ ବିମଂଡ଼ିତ ନୀଳାଭ
ଆକାଶ କୁଂଭକର୍ଣ୍ଣ ପରି କେଉଁ ମନ୍ୱଂତରରୁ
ଘୋଡ଼ିଘାଡ଼ି ହୋଇ ଶୋଇ ରହିଛି
ବ୍ୟସ୍ତ ପୃଥିବୀର ଛାତି ଉପରେ ।

ବିରକ୍ତିକର ହଂତସଂତିଆ ଘସରା ଜୀବନ
ପାପ ପୁଣ୍ୟର ଦ୍ୱିଧା ବିଭକ୍ତ ଅସ୍ଥିର ବ୍ୟକ୍ତିତ୍ୱ,
ନିରର୍ଥକ ଶବ୍ଦ ସଂଭାରର ସ୍ୱର୍ଣ୍ଣାଭ ବର୍ଣ୍ଣମାଳା ଓ
ପିତୃପୁରୁଷଙ୍କ ଦ୍ରୋହରେ ଉଦ୍‌ବେଳ ମଧୁମୟ ଜୀବନ,
ବିଶ୍ୱାସର ହୋମାଗ୍ନିରେ ଐଶ୍ୱର୍ଯ୍ୟର ଅହଂକାର
ଅନନୁଭୂତ ଇଚ୍ଛାକୃତ ଔଦ୍ଧତ୍ୟ, ଅନାବଶ୍ୟକ ସଂପର୍କର
ଅଂତରଂଗ ମଧୁଶାଳା, ସୃଷ୍ଟିର ରହସ୍ୟାବୃତ୍ତ ଅପରିକଳ୍ପନୀୟ ରହସ୍ୟ
ମହାଶୂନ୍ୟର ନିଶ୍ଚଳ ମହାଶ୍ମଶାନରେ ଅଚିରେ ଭସ୍ମିଭୂତ ।

ଅବୋଧ ଆଦିମ ଅଂତରୀକ୍ଷ ମୌନ
ସନ୍ନ୍ୟାସୀ ପରି ଅଭୟ ମୁଦ୍ରାରେ ଧ୍ୟାନସ୍ଥ
ଭୟାବହ ଦୃଶ୍ୟପଟ୍ଟରେ ଇତିହାସର
ମୂଳ ଧ୍ୱସ୍ତ ବିଧ୍ୱସ୍ତ ।

ସବୁଜ ସିଲେଟରେ ବିଚରା କବିଟିଏ
ତଥାପି ଅକ୍ଷରର ବର୍ଣ୍ଣମାଳା ଲେଖି
ଚାଲିଛି, ଅନଂତ ଶୟନ ପାଇଁ ନିଜକୁ
ପ୍ରସ୍ତୁତ କରୁଛି
ପ୍ରାଚୀନ ଆକାଶ ତଳେ ଅନାବନା ଶବ୍ଦର
ମହୁଫେଣାରେ ଗୃହବଂଦୀ ଥିବା କବି
ମୁକ୍ତିର ବାଟ ଖୋଜୁଛି ! କିନ୍ତୁ, ମୁକ୍ତି କାହିଁ ?

କବି ହିଁ ନିଜେ ନିଜର ପ୍ରତିଧ୍ୱନି, ଅଂତ କୋଳାହଳ ।
ଆରଂଭର ଆରଂଭ । ଶେଷର ଶେଷ ।
ଶବ୍ଦମୟ ନୀରବତା କବି ଓ କବିତାର ଅଂତିମ ନିର୍ଯ୍ୟାସ ।

ଉଦାସ

କିଛି ଭଲ ଲାଗୁ ନାହିଁ ।
ଉଦାସ ପବନ କଟା ଗୁଡ଼ି ପରି ମୁହଁ
ମାଡ଼ି ପଡ଼ିଅଛି ବିଜୁଳି ତାରରେ
ରାଜପଥ ଶୁନ୍‌ଶାନ୍, ଗୋଟେ ହେଲେ
ଯାନବାହନ ଯାଉନି
ନିଜ କୃତ କର୍ମ ପାଇଁ ମୃତ୍ୟୁଦଂଡ଼
ଅପେକ୍ଷାରେ ଗୃହବଂଦୀ ଥିବା ଆସାମୀଟି
ଲୁହ ଡବଡ଼ବ ଆଖିରେ ଖୋଲା
ଆକାଶକୁ ଚାହିଁ ତାରା ଗଣି ଚାଲିଛି ।

ତାରା ଚଂଦ୍ର ନଥିବା ଖୋଲା
ଆକାଶ ତଳେ ତମ ଦେହ ଥରହର
ଥରୁଛି କି' ଶୀତ କାକରରେ ?

ଲଂପଟ ପବନରେ ତମ ମୁକୁଳା କବରୀ
ଫୁରୁଫୁରୁ ଉଡୁଛି କି' ନିର୍ଜନ ନଈ ପଠାରେ ?

କେତେ ଦିନ କେତେ ରାତି ଆଉ ବାକି
ଅଛି ମୁଁ ତମକୁ ପାଇ କରି ପିଠିରେ
ବସେଇ ଦୁର୍ଦ୍ଦିନର ନୂଆ ନୂଆ
ଚିତ୍ର ଦେଖେଇବି। ମୁଁ ତମକୁ ଗାଢ଼
ଆବେଗରେ ଚୁମାଟିଏ ଦେଇ ରକ୍ତ ସମୁଦ୍ରରୁ
ହଲିହଲି ଉଠି ଆସୁଥିବା ସୂର୍ଯ୍ୟ ପାଇଁ ଜରିଦିଆ
ଝିଲିମିଲି ପୋଷାକ ଆଣିବି।

କିଛି ଭଲ ଲାଗୁ ନାହିଁ
ପୋଷ୍ଟମ୍ୟାନ୍ ଆସିବାର ବେଳ ଗଡ଼ିଗଲେ
କିଛି ଭଲ ଲାଗୁନାହିଁ
ତମର ଏଠିକି ଆସିବା ବେଳ ଉଛୁର ହୋଇଲେ।

■■

କିଏ ତମେ ?

କିଏ ତମେ ? କାହିଁକି ଆସିଛ ଏଠିକି ?
ଆସିଛ କି' ଶେଷ ମୁହୂର୍ତ୍ତରେ କଲବଲ
କରି ମୋ ପ୍ରାଣ ନେବାକୁ ? କୋଉ
ସୁକୃତରୁ ବର୍ଷ ବର୍ଷ କାଳ ଦହଗଂଜିଆ
ଜୀବନ ବଂଚିଲା ପରେ ମୁଁ ନ ମରି
ଦିନ ଦିନ ରାତି ରାତି ଧରି କେମିତି
ଏଠି ଘୁଷୁରୁଛି, ତମେ ଆସିଛ କି
ଶେଷ ଥର ପାଇଁ ଦେଖିବାକୁ !

ବଳକା ଆୟୁଷତକ ନେବାକୁ ତମେ
ଯଦି କଳ କୌଶଳ କରି
ଡଂଡ଼ି ବସିଥିଲ ଦୁର୍ଦ୍ଧର୍ଷ ଆତତାୟୀ
ପରି ଲୁଟିଛପି ବରଂ ଆସି ମତେ

ଛୁରୀ ଭୁସିଥାଂତା କୋଉ ଦୁର୍ଲ୍ଲଭ ପଦାର୍ଥ
ପ୍ରତି ଯଦି ତମର ମୋହ ଦୁର୍ବଳତା
ଥିଲା ମତେ କହି ପୋଛି ବେଳସୁଁ
ତ ନେଇପାରିଥାଂତ
ଜରା ବ୍ୟାଧି ମହାବାଧିଗ୍ରସ୍ତ ପଚାସଢ଼ା
ଶରୀର ଓ ଉଜୁଡ଼ା ସଂସାରକୁ ମୋର
କାହିଁକି ଆଉ ଏତେ କଷ୍ଟ କରି ଆସିଥାଂତ !

ତିନି ଦଉଡ଼ି କଟା ମୁଁ ଅଭାଗା ପାମର
ବୋଲି ତମକୁ ଜଣା ନ ଥିଲା କି ?
ଆଜି ଏଠି, କିଏ ଜାଣେ, କାଲି କି' କୋଉଠି
ଥିବି କି, ନ ଥିବି
କାଲି ରାତି ପୂର୍ବବର୍ତ୍ତୀ ରାତିମାନଂକରେ
ଯେତେସବୁ ଭୟଂକର ସ୍ୱପ୍ନ ଦେଖି
ଚିରିଚିରେଇ ହୋଇ ନିଦରୁ ଉଠି ପଡୁଥିଲି
ଓ ଘଂଟା ଘଂଟା କାଳ ଅଝଟ ପିଲାଟି ପରି
ରାହା ଧରି କାଂଦି ଉଠୁଥିଲି ସେମିତି
କାଂଦଣା ମନ ଖୋଲି ଆଉ ଥରେ
କାଂଦି ପାରିବି କି ?

ରାତି ପାହିଲା ବେଳକୁ ବେଶ୍ କିଛି ଦିନ
ହେଲା ପ୍ରତି ରାତିରେ ମୁଁ ତମକୁ
ସ୍ୱପ୍ନରେ ଭେଟୁଛି
ଯେତେ ଥର ସ୍ୱପ୍ନରେ ସ୍ୱପ୍ନରେ ମୁଁ ତମର
ମୁହାଁମୁହିଁ ହେଉଅଛି ସେତେ ଥର ତମ ମୁହଁ
ଡାକିନୀ କି ପିଚାଶୁଣୀ ମୁହଁ
ପରି ଅବିକଳ ଦିଶି ଯାଉଅଛି
ସେତେ ଥର ଅଘ୍ୟାଂତ ଆତଂକରେ ମୋ
ପାଦଠୁଁ କପାଳ ଯାଏଁ କଟା କୁକୁଡ଼ାର
ମୁଂଡ଼ ପରି ଥରଥର ଥରି ଉଠୁଅଛି

ସେତେଥର ସ୍ୱପ୍ନ ସମୁଦ୍ରର କେଉଁ ଅଦୃଶ୍ୟ
କୂଳରେ ଶବ ପରି ପଡିସଢ଼ି
ମୁଁ ଭାସୁଅଛି ।

ଫୁଲିଫାଲି ଦୁର୍ଗଂଧ ବାହାରୁଥିବା ଅଚିହ୍ନା
ଶବକୁ ଦେଖି ଦେଖଣାହାରୀଟିଏ ନିଜ ନିଜ
ଭିତରେ ଏଣୁତେଣୁ ଆଜେବାଜେ କଥା
ହେଉଥିଲେ । ମୁଁ ଅସତ୍ୟ ବୋଲି ଥରେ
ଜାଣିଯିବା ପରେ ଖୋଳତାଡ଼ ନ କରି
ଯିଏ ଯାହା ବାଟେ ବାଟେ ଗଲେ ।

ଦେଖଣାହାରୀଙ୍କ ପାଖେ ମୁଁ ଅସତ୍ୟ
ବୋଲି ଯଦି ଶେଷକୁ ଦୋଷୀ ସାବ୍ୟସ୍ତ
ହେଲି ତମେ ଏମିତି କୋଉ ଧ୍ରୁବ ସତ୍ୟ
ଯେ' ହାତ ବଢ଼େଇଲେ ମତେ ଗୋଟିପଣେ
ଛୁଇଁ ପାରିବ ?
ମତେ ଛୁଇଁବାକୁ ଯେତେଥର ତମେ ହାତ
ବଢ଼େଇବ ସେତେଥର ତମ ହାତ ପାଖୁ
ଚଲା ମେଘ ଖଂଡ଼େ ପରି ମୁଁ
ଦୂରକୁ ଦୂରକୁ ଭାସିଭାସି ଯିବି
ମୁଁ ସତ୍ୟ କି, ଅସତ୍ୟ ବୋଲି ତମେ ଥରେ
ଜାଣିଯିବା ପରେ ମତେ ତମେ ଆଉ
ଏତେ ସହଜରେ ଛୁଇଁ ପାରିବ କି ?

ଧୈର୍ଯ୍ୟ ଓ ବିଶ୍ୱାସର ବାଲିବଂଧ ଥରେ
କୂଟକପଟରେ ଭାଂଗିରୁଜି ଗଲାପରେ
ରକ୍ତମୁଖା ଶ୍ରୀଠାକୁରାଣୀ ପରି ମୋ
ପ୍ରାଣ ନେବାକୁ ଯଦି ତମେ
ଆସିଥିଲ କୁଂଭପକା ନୀଳ ପାଟ ଶାଢ଼ି
ଖଂଡ଼େ ପିଂଧି ବରଂ ଆସିଥାଂତ

ଶରତ ଋତୁର ଝାପ୍‌ସା ଝାପ୍‌ସା ଜହ୍ନ
ଆଲୁଅରେ, ଗୋଳା ଚନ୍ଦନ ପରି
ମୁଁ ଦିନୁଦିନ ସରି ସରି ଯାଉଥିଲାବେଳେ
ଶୂନ୍‌ଶାନ୍ ନିର୍ଜ୍ଜନ ବେଳାରେ, ଋତୁ ଅଋତୁରେ।

ଯାହା ଇଚ୍ଛା ତାହା କର ପଛେ ଶ୍ରୀ ଠାକୁରାଣୀ
ପାରୁଛ ଯଦି ଶାଣଦିଆ କୃପାଣରେ ମୋ'
ଦେହରୁ ପଳପଳ ମାଂସ କାଟି ନିଅ
ପାରୁଛ ଯଦି ତ ମୋର ଶୌର୍ଯ୍ୟ ବୀର୍ଯ୍ୟ ତେଜ
ପ୍ରତାପ କବଚ କୁଣ୍ଡଳ
ନିର୍ଲୋଭରେ ନିଅ
ପାରୁଛ ଯଦି ପାଟ ପତନୀରେ
ବାନ୍ଧିବୁନ୍ଧି ରଖିଥିବା ମୋ ସମଗ୍ର ଜୀବନ କାଳର
ଯେତେଯେତେ ପ୍ରେମପତ୍ର କଳାଧଳା
ଯୁଗଳବନ୍ଦୀ ଫଟୋ, ଅଧା ଲେଖା
ଅସଂପୂର୍ଣ୍ଣ କବିତାର ପାଣ୍ଡୁଲିପି
ଖଣ୍ଡୁଆ ପତନୀ ପାଟ ପଣତରେ
ଗଣ୍ଠି କରି ନିଅ।

ଯାହା ପାରୁଛ ଶ୍ରୀ ଠାକୁରାଣୀ
ସବୁ ପଛେ ନିଅ, ମତେ ଟିକେ
ଶାନ୍ତିରେ ଏଥର ଏଠି ମରିବାକୁ ଦିଅ।

■■

ମୃଗୟା

(୧)

ଛୋଟ ଛୋଟ ଘଟମାନଂକୁ ନେଇ ଦିନେ
ଆମ ଭିତରେ ଅକସ୍ମାତ୍ ଏକ ଝଡ଼ ଉଠିଲା,
କଥା କଥାକେ କଥା କଟାକଟି ହୋଇ ନାହିଁ
ନ ଥିବା ବିଷମ ପରିସ୍ଥିତିଟିଏ ଶେଷକୁ ଯେ'
ଉପୁଯିବ କିଏ ଅବା ଜାଣିଥିଲା ? ସେ ଭୟାବହ
ପରିସ୍ଥିତିର ସାମନାସାମନି କରିବାକୁ ଆମ
ପାଖେ କୌଣସି ଉପାୟ ନଥିଲା ।

ଜିଦିଖୋର ଅଲିଅଳୀ ରାଜଜେମା ପରି ରାଗ
ଗରଗର ହୋଇ ତମ ବାଟେ ତମେ ଚାଲିଗଲ
ଯେଉଁ ବାଟେ ବିନା ଖୋଜାଲୋଡ଼ାରେ
ଦିନେ ଲୁଚିଛପି ଭେଟିବାକୁ ମତେ ଆସିଥିଲ ।

ମୁହଁକୁ ମୁହଁ ଦିଶୁ ନଥିବା କଳା କିଟିମିଟି ବଜ୍ର
ବିଜୁଳି ଖଚିତ ଝାପ୍‌ସା ଝାପ୍‌ସା ରାତିରେ ତମେ
କେଉଁ ଲଂପଟ ପୁରୁଷ ପାଖେ ଜାକିଜୁକି ହୋଇ
ରହିଥିଲ ? ନା, ବାଟ ପାଉ ନଥିବା
ଅଭାଗିନୀ ଭିକାରୁଣୀ ପରି ମରି ପଡ଼ି ମତେ
ଟିକେ ଦୟା କରୁଥିଲ ?

ଆଖି ପାଉ ନଥିବା ଦିଗ୍‌ବିଦିକ୍ ଯାଏଁ ଲଂବିଥିବା
ନିଶ୍ଚଳ ରାସ୍ତାରେ ଭୟ ଏବଂ ଆତଂକରେ
ତମ ବାଟ ଚାହିଁ ବସି ଥିଲାବେଳେ ଯଦି ଦୈବାତ୍
ତମ ସାଙ୍ଗେ ଦେଖା ହୋଇଯାଏ
ତମେ ସତେବେଳେ ଚାଳିଶ ବର୍ଷ ତଳର
ପୁରାଣ ପ୍ରସୂତ ଅପରୂପା ଦେବୀ ପ୍ରତିମାଟି
ପରି ଆଉ କ'ଣ ଦେଖା ଯାଉଥିବ ନା,
କର୍ପୂର ଅଗୁରୁ ଗୋଳା ସୁଗଂଧ ଜଳରେ ସ୍ନାନ
କରି ଜୁଇ ନିଆଁ ଭିତରୁ ଦାଉଦାଉ ହୋଇ
ଜଳି ଉଠୁଥିବ ନା, କେଉଁ ଅଭିଗ୍ୟଂ
ଚିତ୍ରକରର ରଂଗ ଓ ତୂଳୀରୁ
ଚିତ୍ର ପ୍ରତିମା ପରି ନାହିନାଡ଼
କାଟି ପୁଣି ଥରେ ଜନ୍ମ ନେଉଥିବ।

ଚାହୁଁ ଚାହୁଁ ବର୍ଷ ପରେ ବର୍ଷ ଚାଳିଶ ବର୍ଷ
ଯା' ଭିତରେ ଆମ ଅଜାଣତେ ବିତି
ସାରିଲାଣି। ଚାଳିଶ ବର୍ଷର
ସମୟ ଖଂଡ଼ ଭିତରେ ଚାରି ଚାରିଟା
ଘମାଘୋଟ ଯୁଦ୍ଧ ଆରଂଭ ହୋଇ ଶେଷ
ହେଲାଣି। ନାହିଁ ନଥିବା କ୍ଷେପଣାସ୍ତ୍ର ମାଡ଼
ଓ ବୋମା ବର୍ଷଣରେ ଆମ ଟିକି
ପୃଥିବୀର ମାନଚିତ୍ର ବିଲକୁଲ୍ ବଦଳି ଗଲାଣି
ଭଂଗାରୁଜା କୁଢ଼କୁଢ଼ ଇଟା

କଂକ୍ରିଟ୍‌ର ଘର, ମାଳମାଳ ଶବଂକ ଭିଡ଼ରେ
ଆମ ଗାଁ, ଆମ ନାଆଁ, ଆମ ସତ୍ତା
ଓ ଠିକଣା କେବେଠୁଁ ହଜି ସାରିଲାଣି।

କୌଣସି କଥାରେ ମୁଁ ଆଉ ଆଗ ଭଳି ପ୍ରତିବାଦ
କଲି ନାହିଁ। ଦାରୁବ୍ରହ୍ମ ପରି ନିଶ୍ଚିଂତ ମନରେ ବସିଥିବା
ନିଶ୍ଚଳ ପାହାଡ଼, ନିଃଶବ୍ଦରେ ଗୁଣୁଗୁଣୁ ହୋଇ ବହୁଥିବା
କୁଶଭଦ୍ରା ନଈ, ବିଅର୍ଥରେ ବିତି ଯାଇଥିବା ପିଲାଦିନ
ଭୋଜିଭାତ ରଜ ଦୋଳି ବାଗୁଡ଼ି
ଖେଳ ଇତ୍ୟାଦି ଇତ୍ୟାଦି କଥା
ମନେ ପକେଇ ଆଉ ବିଭୋର ହେଲିନି।

ନିଜ ଭାଗ୍ୟକୁ ଆଦରି ଅନିଶ୍ଚିତ ଭବିଷ୍ୟତ ସାଂଗେ
ରଫାନାମା କରି ବେଶ୍ କିଛି ଦିନ ଆଉ କାଟିବି
ବୋଲି ଭାବିଛି, ସେଥିପାଇଁ ପରିଷ୍କାର ପରିଚ୍ଛନ୍ନ ହୋଇ
ଏବେ ଏବେ ମୃଗୟାରେ ଯିବା ପାଇଁ ଚଂଦନ ସିଂଦୂର
ନାଇ ଘରୁ ଗୋଡ଼ କାଢ଼ି ବାହାରିଛି। ଯେଉଁଠିକି ଯିବା
ପାଇଁ ଅନୁକୂଳ କରି ବାହାରିଛି ସେଠି ସଭିଂକ
ଆଗରୁ ମୁଁ ଯାଇ କଣ ପହଂଚି ପାରିବି ନା,
ମୁଁ ପହଂଚିବା ପୂର୍ବରୁ ଅଧ ବାଟରେ
ବେଲାଲସେନ ପରି କୋଉ ଘଂଚ ଗଛ ଡାଳରେ
କି, ବାଟ ଘାଟ ଦିଶୁନଥିବା କୋଉ ଅମଡ଼ା
ବାଟରେ ପରକଟା କ୍ଲାଂତ ପକ୍ଷୀଟି ଭଳି
ଛଟପଟ ହୋଇ ମରୁଥିବି ?

(୨)

ମୃଗୟାକୁ ଯିବା ରାସ୍ତା ପାଦେପାଦେ ଭୟପ୍ରଦ
ରାସ୍ତା ଦେଇ ଯିବାକୁ ତରବରରେ ଘରୁ ବାହାରିଲା
ବେଳକୁ ଆଗକୁ ଆଗକୁ ଲଂବି ଯାଇଥିବା
ଅଂକାବଂକା ଖାଲ ଖମା ଗଳି ମୋଡ଼ ବୁଲାଣିର
ଭୟଂକର ରାସ୍ତା ଯେଉଁଠି ଯାଇ ଶେଷରେ

ମିଶିଛି ସେଠୁ ପୁଣି, କେତେ କେତେ ଜଣାଅଜଣା
ନୂଆ ରାସ୍ତା ଦକ୍ଷିଣ ପଶ୍ଚିମ ପୂର୍ବ କି, ଉତ୍ତର
ଦିଗକୁ ଯାଇ କୋଉଠି ନା, କୋଉଠି
ମିଳିମିଶି ଏକ ହୋଇଅଛି ।

ଠିକ୍ ରାସ୍ତା ଦେଇ ବେଳସୁଁ ଯାଇଥିଲେ
ହଡ଼ବଡ଼େଇ ନ ଯାଇ ସୂର୍ଯ୍ୟାସ୍ତ ପୂର୍ବରୁ
ସଦଳବଳେ ଠିକଣା ଜାଗାରେ ଯାଇ ନିଶ୍ଚେ ପହଂଚିଥାଂତି
ଅଂଧ ପରି ବାଡ଼ି ହଜେଇ ଏଠି ସେଠି
ମିଛୁଟାକୁ ଆଉ ଏତେ ଘୂରି ନଥାଂତି ।

ଆଦିଗଂତ ବିସ୍ତାରିତ ସେ ଆଶ୍ଚର୍ଯ୍ୟ ଚକିତ
ରାସ୍ତା ଏମିତି କୋଉ ନଥିବା ରାଜ୍ୟର
ଯେ' ଯାହାର ଆଦି ଅଂତ କିଛି ବୋଲି କିଛି
ଦିଶୁ ନାହିଁ । ସେ ରାସ୍ତାର ମୁଁ ଏକମାତ୍ର ନିଃସଂଗ ପଥିକ
ଯଦି ବା' ମୁଁ ଭଲ ଭାବେ ଜାଣେ ଯେ'
ମୋ ଲକ୍ଷ୍ୟସ୍ଥଳ ସ୍ଥିର ତଥାପି, ମୁଁ ନିଡ଼ରରେ
ପାଦଟିଏ ଆଗେଇ ପାରୁନି ।

ଏତେ ସହଜରେ ସେ' ଦୁର୍ଲ୍ଲଭ ରାଜ୍ୟର
ଶେଷ ସୀମାଂତରେ ସୂର୍ଯ୍ୟାସ୍ତ ପୂର୍ବରୁ ମୁଁ କ'ଣ
ପହଂଚି ପାରିବି ?
ବଂଚୁଥିବା ଜନ୍ମର କର୍ମଫଳ ଓ ବଂଚି
ସାରିଥିବା ପୂର୍ବବର୍ତ୍ତୀ ଜନ୍ମମାନଂକର ପ୍ରାରବ୍ଧର
ଫଳାଫଳ ପଳପଳ ଭୋଗ ନ ସରିବା ଯାଏଁ
ଭବବଂଧନର ଘନଘଟାରୁ କେମିତି ବା' ମୁକୁଳିବି ?

କାହିଁ କୁଆଡ଼େ କେତେ ଯୋଜନ ଯୋଜନ
ଦୂରରେ ରହିଗଲେଣି ମୋର ମଣିମାଣିକ୍ୟ
ଖଚିତ ଯେତେଯେତେ ସମର୍ଥ ଅଶ୍ୱଗଜ

ରଥ ରଥାଂଗ ଅକ୍ଷୌହିଣୀ ସୈନ୍ୟ ସାମଂତ !
କାହିଁ କେଉଁଠି କେତେ ପଛରେ କୋଉ
ଅଗ୍ନାଗ୍ନି ବନସ୍ତର ପ୍ରାଚୀନ ଐତିହାସିକ
କୋରଡ଼ କି, ଗୁଂଫାରେ ବଂଧା ପଡ଼ି ରହିଲାଣି
ଝାପ୍‌ସା ଝାପ୍‌ସା ମୋର ଅଂଧ ଭିବଷ୍ୟତ !
ଝାଳନାଳ ହୋଇ ମୋ ପଛେପଛେ ପ୍ରାଣ
ବିକଳରେ ଧାଉଁଥିବା ଯେ'କୁ ଆରେକ ବଳି
ଧନୁର୍ଦ୍ଧର ଅଶ୍ୱାରୋହୀ, ଅନୁରକ୍ତ କଟୁଆଳବର୍ଗ
ଓ ଯେତେଯେତେ ମଂତ୍ରୀ ପାରିଷଦ।

(୩)

ସେ ରାଜ୍ୟ ସତକୁ ସତ ଏମିତି ଗୋଟେ
ବିସ୍ମୟକର ରାଜ୍ୟ ଯେଉଁଠି କେତେକେତେ
ଆଚଂବିତ କଥା ଘଟୁଛି ଘଟନାକ୍ରମରେ,
କାହାର କାହା ସହିତ ପୂର୍ବାପର ସମ୍ପର୍କ
ନଥାଇ ବି ପ୍ରତି ମୁହୂର୍ତ୍ତରେ।

ସେ' ବିସ୍ମୟାବିଷ୍ଟ ଅଭୂତପୂର୍ବ ରାଜ୍ୟରେ
କେତେବେଳେ ଘନଘନ ବିଜୁଳି ଓ ବଜ୍ରର
ସଂଭାର ତ କେତେବେଳ ନାହିଁ ନଥିବା
ଉଲ୍‌କାପାତ, ନଦ ନଦୀ ହ୍ରଦ ଓ ସମୁଦ୍ର
ରଂଗୀନ ଆଲୋକମାଳାରେ ଘନିଭୂତ
ନୀଳାଭ ଆକାଶ, ଧରା ଓ ଧରିତ୍ରୀ
କାର୍ତ୍ତିକ ସକାଳର ଶାଂତ ସ୍ନିଗ୍ଧ କାକର
ବିଂଦୁ ପରି ସାରା ପୃଥିବୀରେ ବ୍ୟାପ୍ତ।

ଘଡ଼ିକିଘଡ଼ି ଦୃଷ୍ଟି ବଳୟର ଦିଗ୍‌ବିଦିକ୍‌ରେ
କେତେକେତେ ବର୍ଣ୍ଣୋଜ୍ଜ୍ୱଳ ଚିତ୍ରପଟ ଝକମକ
ହୋଇ ଝଲସି ଉଠୁଛି। ଅପୂର୍ବ ସୁଂଦରୀ
ଜାତିଜାତିକା ଅପ୍‌ସରୀମାନେ ଦଳକୁ
ଦଳ ଦଳବାଂଧି ଆକାଶଲୋକରୁ ଉଡ଼ି ଉଡ଼ି

ଆସି ଜଳକ୍ରୀଡ଼ା କରୁଛନ୍ତି ସୂର୍ଯ୍ୟୋଦୟ ପୂର୍ବରୁ
ବର୍ଣ୍ଣାଢ଼୍ୟ ପଦ୍ମ ପୋଖରୀରେ
ଚିତ୍ର ବିଚିତ୍ରରେ କେତେକେତେ ଚିତ୍ରପଟ ଝଲସି
ଉଠୁଛି ସେ' ନଥିବା ରାଜ୍ୟର କାନ୍‌ଭାସ୍ ଉପରେ।

ଆତସବାଜିର ଚିତ୍ରାର୍ପିତ ଖେଳ କି ଦିନ, କି ରାତି
ଚାଲିଛି ଦିଗ୍‌ଦିଗନ୍ତର ସୀମାନ୍ତରେ ଈଷତ୍
ଲାଲ ଓ ଗେରୁଆ ରଙ୍ଗର ମୌନ ଆକାଶରେ
ଧାଡ଼ିକି ଧାଡ଼ି ଲମ୍ବି ଯାଇଥିବା କୁଞ୍ଚିକୁଞ୍ଚିକିଆ
ଦୁର୍ଗମ ପର୍ବତମାଳା ସଦ୍ୟ ବିଧବାର
ପାଣିକାଚ ପରି ମଡ଼ମାଡ଼ ହୋଇ ଭାଙ୍ଗିରୁଜି
ପଡୁଅଛି ମୌସୁମୀ ବର୍ଷାରେ।

ପାଦଚଲା କଣ୍ଟକିତ ରାସ୍ତାର ଦୁଇ କଡ଼େ
ମାଇଲ୍ ମାଇଲ୍ ବ୍ୟାପୀ ମୌନ ମୂକ ଅଥର୍ବ
ପାହାଡ଼, ମଝିରେ ମଝିରେ କୁଳୁକୁଳୁ
ନାଦରେ ବହି ଯାଉଥିବା ପାହାଡ଼ୀ ଝରଣା
ଡାଳ ପତ୍ର କୁଟା କାଠିରେ ଗଢ଼ା ଗୋଟେ
ଅଧେ ଅଜଣା ଗାଁ ଓ କୁଡ଼ିଆ,
ପଲପଲ ହରିଣ କୁଟୁରା ସମ୍ବରଙ୍କ
ଦଳ, ଅସୁମାରି ଚିତ୍ର ବିଚିତ୍ର ମୟୂର ମୟୂରୀ
ଓ ରଙ୍ଗବେରଙ୍ଗ ପଶୁପକ୍ଷୀଙ୍କର
ନାଚକୁଦ ଖେଳ।

ମନଲୋଭା ଦୃଶ୍ୟାଦୃଶ୍ୟ ବାଟ ପାରି ହୋଇ ଶେଷକୁ
ମୁଁ ଏକାଏକା ଯେଉଁଠି ଯାଇ ପହଞ୍ଚିଲି
ସେଠି ପହଞ୍ଚିଲା ବେଳକୁ ମୁଁ
ତମ ନାଆଁ ଗାଁ ଠାବ ଠିକଣା
ଆଉ କ'ଣ ମନେ ରଖିଥିଲି ?

ନାଆଁ ଗାଁ ଠିକଣା ଭୁଲି ସାରିଥିଲେ ବି'
ତମକୁ ଦେଖିଲେ ମୁଁ କ'ଣ ଆଉ ଚିହ୍ନି
ପାରିବିନି କେମିତି ବା' ନ ଚିହ୍ନିବି ?

ମତେ ତ ଲାଗୁଛି ମୃଗୟା ସରିବା ପୂର୍ବରୁ
ମୁଁ ତମକୁ କୋଉଠି ନା କୋଉଠି ଥରେ ଅଧେ
ନିଶ୍ଚେ ଭେଟିବି। ତମକୁ ନ ଭେଟି ତମ ସାଂଗେ
ଶେଷ ଥର ପାଇଁ ପଦେ ଅଧେ କଥା ନ ହୋଇ
ଏତେ ସହଜରେ ଯେ' ଜାଗା
ଛାଡ଼ି ଏଠୁ କ'ଣ ମୁଁ ଯାଇ ପାରିବି !

ଅତିଥି

(୧)

ସେ' ଠିକ୍ ଆସିଲା ବେଳକୁ ଘରର ମୁଖ୍ୟ
କବାଟ ଭିତରପଟୁ ବଂଦ ରହିଥିଲା ।

ମୁଖ୍ୟ କବାଟ ବଂଦ ଥିବାରୁ କାହା ଆସିବା
ନ ଆସିବା ଖବର ଜାଣିବା ମୋ ପକ୍ଷେ
ଆଦୌ ସଂଭବ ନଥିଲା । ଯାହା ଯେମିତି
ଯେତେବେଳେ ଘଟିବା କଥା ନିର୍ଧାର୍ଯ୍ୟ ବେଳାରେ
ଗୋଟି ଗୋଟି କରି ଘଟୁଥିଲା ।
ଆଖପାଖରେ ଗ୍ରାହକ ଥାଆଂତୁ ବା, ନ
ଥାଆଂତୁ ଘର ଭିତରେ ବାହରେ ଭିନ୍ନ ଭିନ୍ନ
ଦ୍ରବ୍ୟମାନଙ୍କର ପସରା ଏଠି ସେଠି ମେଲା ପଡ଼ିଥିଲା ।

ମଂଜଥରା ଦଲକାଏ ହେମାଳ ପବନ
ପରି କାର୍ତ୍ତିକ ସକାଳେ ଅଚାନକ ସେ'
ଆସି ପହଂଚିଗଲେ । ମୁଖ୍ୟ କବାଟ
ଭିତରପଟୁ ବଂଦ ଥିବା ଦେଖି ନା ସେ' କଲିଂ
ବେଲ୍ ବଜାଇ ଘଡ଼ିଏ ମତେ ଅପେକ୍ଷା
କଲେ ନା, ପାଖ ପଡ଼ୋଶୀଂକୁ ଡାକିହାକି
ଘରେ କେହି ଅଛଂତି କି' ବୋଲି ଥରେ
ପଚାରିଲେ ? ଝଡ଼ ପୂର୍ବର ଗୁମ୍‌ସୁମ୍
ଆକାଶ ପରି ମୁହଁ ହାଂଡ଼ି କରି
ଯେଉଁ ବାଟେ ଆସିଥିଲେ ସେଇ ବାଟେବାଟେ
ପୁଣି ଫେରିଗଲେ ।

ଘର ଛାଡ଼ିବା ପୂର୍ବରୁ ଚାହିଁଥିଲେ ତାଂକ
ଆସିବା ଖବର ସେ କ'ଣ ମତେ ଦେଇ ପାରି
ନ ଥାଂତେ ? ଚାଳିଶ ବର୍ଷ ପରେ ସେ'
ପୁଣି ଥରେ ନିଜ ଇଚ୍ଛାରେ ଆସୁଥିବା କଥା
ବେଲୁସୁଁ ଜାଣିଥିଲେ ସୌଜନ୍ୟ ଦୃଷ୍ଟିରୁ
ଘରୁ ବାହାର ବାହାରୁ ଘର ହୋଇ ମୁଁ
କ'ଣ ତାଂକ ଅପେକ୍ଷାରେ ବସି ନଥାଂତି ?
ଅତି ସରାଗରେ ତାଂକୁ ପାଛୋଟି ଆଣିବାକୁ
ନିଜକୁ ନିଜେ ପ୍ରସ୍ତୁତ କରି ରଖି ନ ଥାଂତି ?

ଯାହା ଯାହା ସବୁ କହିବାକୁ ଭାବିଚିଂତି
ମନକୁ ମନ ଠିକ୍ କରି ରଖିଥିଲି ତାଂକୁ
ଦେଖିବା କ୍ଷଣି ଗୋଟିଏ ହେଲେ ବି' ଶବ୍ଦ
କହି ପାରିଲିନି । ଯେତେ ଯେତେ ଅଘଟନ
ଘଟନା ଯା' ଭିତରେ ଘଟିଗଲା ସେଥିରେ
ମୋର ବା' କୋଉଠି ଦୋଷ ଥିଲା
ଏ ଯାଏଁ ମୁଁ ବୁଝି ପାରିଲିନି !
ଲଜ୍ଜା ଅପମାନରେ ରାଗ ତମତମ

ହୋଇ ଦୁଆର ମୁହଁରୁ ସେ' ଫେରିଗଲେ।
ମୁଁ ଅବିବେକୀ ଇତର ମୂଢ଼ ପାମର ବୋଲି
ଏଠି ସେଠି କହି ବୋଲି
ମନ ଇଚ୍ଛା ମୋ' ଉପରେ ପ୍ରତିଶୋଧ ନେଲେ।

ଲହୁଲୁହ ଏକାଠି କରି ଯେଉଁ ଘରକୁ ମୁଁ
ଦିନେ ଗଢ଼ିଥିଲି କେଡ଼େ ଆଗ୍ରହରେ
ସେ ଘର କ'ଣ ଏବେ ଆଉ ଘର ହୋଇ
ଅଛି ? ନିଜ ଅସାବଧାନତା ଓ ଅଣହେଳାରୁ
ଘର ଛାତ ତଳ ଓ ଚାରି କାଂଥରୁ
ଦଲକା ଦଲକା ଅତଡ଼ା ଖସି ଘରର କଂକାଳ
ଜଳଜଳ ଦିଶି ଯାଉଛି।

ପତ୍ନୀ କି, ପ୍ରେମିକା ନଥିବା ଘର କୋଉ
ଗୋଟେ ଘରରେ ଲେଖା କି ?
ଡାଳପତ୍ର ନଥିବା ଥୁଂଟା ଗଛ ଭଳି ନାଁ କୁ
ମାତ୍ର ଗଳି ମୋଡ଼ରେ ମୁଁ
କେଉଁକାଳୁ ଠିଆ ହୋଇଛି।

ଦଂଡ଼େ ମାତ୍ର ଅଟକି ଯାଇ ଘରର
କବାଟ ଯଦି ସେ ଠକ୍ ଠକ୍ କରିଥାଂତେ
କତରାରୁ କଷ୍ଟେମଷ୍ଟେ ଉଠି
ଘର କବାଟ ଖୋଲା ରଖି ନଥାଂତି ?
ଯେଉଁ ସୂର୍ଯ୍ୟାଲୋକକୁ ଡରିମରି ବର୍ଷ ବର୍ଷ
ତଳୁ ବଂଦ ଘରେ ଡହଳବିକଳ ହୋଇ ମରୁଛି
ସେଇ ସୂର୍ଯ୍ୟାଲୋକର ରଡ଼ ଉତ୍ତେଜରେ
ପଡ଼ି ପଛେ ମରି ଯାଇଥାଂତି।

ଭଦ୍ର ଅତିଥିଂକ ପରି ଯଦି ତାଂକର ଏଠିକି
ଆସିବାର ଥିଲା ମତେ ନ ଭେଟି

ମୋ' ଭଲମଂଦ କଥା ନ ପଚାରି
ବାରବୁଲା ଭିକାରୁଣୀ ପରି ଆସି
ବାହାରୁ ବାହାରୁ କାହିଁକି ସେ ଫେରିଗଲେ ?
ବର୍ଷ ବର୍ଷ ତଳର ଯେଉଁ ପୁରୁଣା ଘାଆକୁ
ଭୁଲିଯିବା ପାଇଁ ମୁଁ କେତେ ଚେଷ୍ଟା
ନ କରିଛି ତାକୁ ପୁଣି ଉଖାରି ବିଦାରି କୋଉ
ଯଶ ମାନ ଅର୍ଜି ବସିଲେ ?

ମରାଳଗମନୀ ତ୍ରୈଲୋକ୍ୟମୋହିନୀ
ହେ ଭଦ୍ରା, ହେ ନୀଳବସନୀ !
କାହିଁକି ଏଠି କି ଆସିଲ ପୁଣି ଏତେ
ବିଳଂବରେ ? ହେଇ ଦେଖୁନ, ଯେ'
ରୂପଭେକ ମୋର ଦିନେ କଣ ଥିଲା, ଆଜି
କେମିତି ଦିଶୁଛି, କାଳେ ମତେ ତମେ
ଚିହ୍ନି ପାରିବନି ସେଥିପାଇଁ ଜାଣିଶୁଣି
ବାକୀ ରହିଥିବା ପରମାୟୁତକ ଏକାଏକା
କାଟୁଅଛି ଅଜ୍ଞାତବାସରେ, ଏଇ ବଂଦ ଘରେ ।

(୨)

ବେଳ କାଳ ଲଗ୍ନ ରାଶି ନକ୍ଷତ୍ର
ଶୁଝୁ ନଥିଲାବେଳେ ତମେ ଜିଦି କରି ଏଠିକି
ଆସୁଛ ବୋଲି ଜାଣିଥିଲେ ମୁଁ କ'ଣ
ଘରର କବାଟ ଭିତରୁ ବଂଦ ରଖିଥାଂତି ?
ନିର୍ଲୋଭରେ ସବୁ ଦାନ କରି ସାରିଲା ପରେ
ଅଳ୍ପେ ବହୁତେ ଯାହା ଯାହା ରଖିଥିଲି
ସେଥିରେ ପାରୁ ପର୍ଯ୍ୟଂତ ମୁଁ ତମକୁ କଣ
ସଂଖୋଳି ନଥାଂତି ?

ଇଂଦ୍ରଧନୁ ସାତ ରଂଗରୁ ଗାଢ଼ ନୀଳ
ରଂଗଟିକୁ ତମ ପାଇଁ ବାଛି ରଖିଥାଂତି

ନୀଳ ନଭରୁ ଖଂଡ଼େ କୁଂଭପକା
ନୀଳାବଂରୀ ପାଟ, ନୀଳ ଅପରାଜିତାରୁ
ପାପୁଲିଏ ମୃଦୁ ସୁଗଂଧ,
ହିମ ଶୀତଳ ପବନର ଲହରୀରୁ ନିଷ୍ପାପ
ଶିଶୁ ପୁତ୍ରର ଧାରେ ଉଜ୍ଜ୍ୱଳ ହସ, ନୀଳବର୍ଣ୍ଣର
ବିଷକୁଂଭରୁ ଧାପେ ଅମୃତ ତମକୁ
ପ୍ରଥମେ ନିଶ୍ଚେ ଭେଟି ଦେଇଥାଂତି
ଶୁଖିଲା ଘଡ଼ଘଡ଼ି ଶବ୍ଦ ଓ ନାହିଁ ନଥିବା
ବଜ୍ରପାତରେ ମାଟି ଓ ଆକାଶ ଦୁଲୁକୁ ଥିଲେ
ବି ଖାସ୍ ତମ ପାଇଁ ଘରର କବାଟ
ସାରା ରାତି ଖୋଲା ରଖିଥାଂତି
ଶେଷବେଳାରେ ଜୀବନ ଯଂତ୍ରଣାର ସାମଗାନ ଶେଷ
ନିଃଶ୍ୱାସ ଥିବା ଯାଏଁ ଗାଇବାକୁ ନିଶ୍ଚେ ଚେଷ୍ଟା କରିଥାଂତି।

କୋଉ ନ ଥିବା ଗ୍ରହର ସୁଂଦରୀ ଅପ୍ସରୀ
ତମେ ଅତିଥି ବେଶରେ ଆସି ପହଂଚିଛ ଏ ଘର ଦୁଆରେ ?
ବର୍ଷ ବର୍ଷ ଧରି ଯଉଁ ଘରର କବାଟ
ଜଉଘର ପରି ନିବୁଜ ରହିଛି, କାହିଁକି ବା'
ଖୋଲା ରହିଥାଂତା କାଳ ବେଳ ଲଗ୍ନ ଓ
ରାଶି ନକ୍ଷତ୍ର ଠିକ୍ ନଥିଲାବେଳେ ଦୁର୍ନିବାର
ସମୟ ଖଂଡ଼ରେ ?

(୩)

ଅତିଥି ଅଭ୍ୟାଗତଂକ ପାଦ ପଡୁ ନଥିବା ଘର
କୋଉ ଗୋଟେ ଘରରେ ଗଣା ଯେ' କିଏ
କାହିଁକି ତାର ଭଲମଂଦ ହାନିଲାଭ
ଖବର ରଖିବ ?
ଯେତେ ବିଶ୍ୱସ୍ତ ଓ ଅନୁରକ୍ତ ଜଗୁଆଳିଟିଏ ସେ
ଘରେ ଥିଲେ ବି,
ଭୂତକୋଠି ପରି ଦିଶୁଥିବା ଖାଁ ଖାଁ ଘରକୁ କିଏ

ବା' କାହିଁକି ବାଡ଼ି ପକେଇ ଦିନ ରାତି
ଜଗି ବସିଥିବ ?
ଯେଉଁ ଘରେ ବେଶ୍ କିଛି ଦିନ ଧରି
ଚିରଗୁଣୀ ପିଚାଶୁଣୀମାନେ ଭିଡ଼ ଜମେଇ
ବସି ରହିଛନ୍ତି ସେ ଘର କଣ ଆଉ ଘର
ହୋଇଅଛି ? ତଥାପି, କେହି ଜଣେ ଦରବୁଢ଼ା
ଲୋକ ବର୍ଷ ବର୍ଷ ଧରି ସେ ଘରେ
ଏକାଏକା ନସରପସର ହେଉଛି
ଛାତରୁ କାଂଥରୁ ଦାମିକା ପଲିସ୍‌କରା
ଛେଲାକୁ ଛେଲା ଚୂନ ସିମେଣ୍ଟ ଖସି ପଡ଼ି
ବହୁ ଚର୍ଚ୍ଚିତ ଘରଟି ଶ୍ରୀହୀନ ଦିଶୁଛି ।

ସାହି ମୋଡ଼ରେ ଅଚଳ ମୁଦ୍ରାଟିଏ ପରି
ଠିଆ ହୋଇଥିବା ସେ' ବଂଦ ଘରକୁ
ତମର ଯଦି ଏତେ ଡେରିରେ ଆସିବାର
ଥିଲା ଶରତ ଋତୁରେ ତମେ ହେଲେ
ଆସି କୋଉ ନା, କୋଉ ଗୋଟେ
କବାଟ ଝରକା ଠକ୍ ଠକ୍ କରି ବଡ଼ ପାଟିରେ
ମତେ ଡାକିଥାଂତ, ତମ କଂଠସ୍ୱର ଶୁଣିବା
ମାତ୍ରକେ ଅଂଧାରକଣା ପରି କତରାରୁ ଉଠି
ଆସି ଦରାଂଡ଼ି ଦରାଂଡ଼ି ଘରର କବାଟ
ମୁଁ କ'ଣ ଖୋଲି ନ ଥାଂତି ?
ସୂର୍ଯ୍ୟାଲୋକର ଡହଡ଼ହ
ରଡ଼ ଉହ୍ଲେଇରେ ପୋକଜୋକ ପରି ଝାସ ଦେଇ
ପଛେ ଜଳିପୋଡ଼ି ମରି ଯାଇଥାଂତି ।

(୪)

ମତେ ଥରଟିଏ ଦେଖିବା ପାଇଁ ଯଦି
ଏତେ ବାଟରୁ ତମେ ବହୁ କଷ୍ଟ କରି ଆସିଥିଲ
ମତେ ନ ଦେଖି, ମୋ ଭଲମଂଦ ଖବର

ନବୁଝି, କିଛି ନ ପଚାରି
ବାର ଦୁଆର ବୁଲୁଥିବା ଭିକାରୁଣୀ ପରି
ବାହାରୁ ବାହାରୁ କେମିତି ଫେରିଗଲ ?
କୋଉ ଉପ୍ରୋଧରେ ଅଜାଗା ଘାଆକୁ
ଉଖାରି ଉଖାରି କାହିଁକି ମତେ ଏତେ କଷ୍ଟ ଦେଲ ?

ଇହଲୋକରେ କିଏ ବା ନ ଚାହେଁ
ଅତିଥିଂକ ପୂଜାର୍ଚ୍ଚନା କରି ଅମୃତଫଳ
ଭୋଗ କରିବାକୁ
ବାଧ୍ୟବାଧକତାରେ ପ୍ରଥମ ପ୍ରେମର ଅଭୁଲା
ଅପାସୋରା ସ୍ମୃତିକୁ ଆବଶ୍ୟକ ସ୍ଥଳେ ଭୁଲି
ଯାଇ ଗୃହସ୍ଥ ସନ୍ନ୍ୟାସୀ ପରି କୌଣସି
ନା କୌଣସି ପ୍ରକାରେ ସୁଖେଦୁଃଖେ
ଜିଇ ରହିବାକୁ ।

(୪)

ଏତେ ଗାଢ଼ ନିଦରେ କାଲି ରାତିରେ
ଶୋଇ ପଡ଼ିଲି ଯେ' ଉଠିଲା ବେଳକୁ
ଘଂଟାରେ ବାଜି ସାରିଲାଣି ସାଢ଼େ ଦଶ
ମାର୍ଗଶିର ସକାଳର ଲାଲ
ଟହଟହ ସୂର୍ଯ୍ୟ ଦିଗ୍‌ବଳୟ
ଉପରର ମଝାମଝି ଆକାଶକୁ
ଉଠି ଗଲେଣି ।
ଖଂଡ଼େ ଅଧେ ବାସି ରୁଟି କି, ମୁଠାଏ
ଖୁଦ ଲୋଭରେ ଘର ଛାତରେ ଘୁମୁରୁ ଘୁମୁ
ଶବ୍ଦ କରୁଥିବା ଦେଉଳିଆ ପାରାମାନେ ମନ
ଦୁଃଖରେ ଯିଏ ଯାହା ବାଟେ ବାଟେ ଉଡ଼ି ଗଲେଣି । ଟୋପି ସ୍ୱେଟର
ପିଂଧି ତିନି ମାସର ନିଷ୍ପାପ କୁନି ପୁଅ ରୋହନ୍
ହାତଗୋଡ଼ ଛାଟିପିଟି ବୁଲିଯିବା ପାଇଁ ରାହା ଧରି
କାଂଦି ଉଠିଲାଣି ।

ଶେଯ ଛାଡ଼ିବା ମାତ୍ରକେ ଜାଣିଲି ଯେ'
କେହି ନା କେହି ଜଣେ ନିକଟ
କି, ଦୂର ସଂପର୍କୀୟ ମତେ ଭେଟିବାକୁ
ଆସି ବାହାରୁ ବାହାରୁ ଫେରି ଯାଇଛଂତି
ଏତେ ବଡ଼ି ଭୋଅରରୁ କିଏ କିଏ ସବୁ ଆସିଥିଲେ
ଜାଣିବାକୁ ମୁଁ କୋଉ ସେଠି ଥିଲି ଯେ
ସ୍ନେହ ମମତାରେ ଡାକିହାକି ସେମାନଂକୁ
ଚର୍ଚ୍ଚା କରିଥାଂତି !

ଚା କପେ ପିଇବା ଆଶରେ ହୁଏତ ଆସିଥିଲେ
ଆସିଥାଇ ପାରେ କୁଳଂତିରାର
ମୋ ପିଲାଦିନ ସାଂଗ ନାଗା କି, ରଜନୀ
ଜିଅଂତା କାଠି ପୋହଳା ଧରି
ଆସିଥାଇ ପାରେ
ବାଲକାଟିର ମାଛ ବେପାରି ନବଘନ କିଂବା,
ମୁଦା ଲଫାପାରେ ଶୁଭାଶୁଭ ଖବର
ନେଇ କୋଉ ଅଚିହ୍ନା କୋରିଅର୍ କଂପାନୀର
ପତ୍ରବାହକ, କେହି ନା କେହି ନିଶ୍ଚେ
ଆସି ମତେ ନ ପାଇ ନିରାଶ ମନରେ
ଫେରି ଯାଇଥିବ। ମୋ' ପରି କର୍ମକୁଢ଼
ମଂଦ ଭାଗ୍ୟ ହୀନ-କପାଳିଆ ମଣିଷକୁ ଭେଟିବାକୁ
କାହାର କୋଉ ଏତେ ଗରଜ ପଡ଼ିଛି ଯେ'
ଘଂଟା ଘଂଟା କାଳ ଅନାଥଂକ ପରି
ମୋ ଦାଂଡ଼ ପିଂଢ଼ାରେ ଚୁପ୍‌ଚାପ୍ ସେ ବସି ରହିଥିବ।

ଘର ଲୋକେ ଉଠିବା ଆଗରୁ ଦିନେ ମୁଁ
ବଡ଼ି ଭୋଅରରୁ ଉଠି ଦାଂଡ଼ ବାରି ଅଗଣା
ଖରକି ପରିଛନ୍ନ କରି ରଖୁ ନଥିଲି କି ?
ଶ୍ରୀ ଠାକୁରାଣୀଂକ ସକାଳ ମଣୋହୀ ପାଇଁ
କର୍ପୂର ସିଂଦୁର ଫୁଲ ଓ ଚଂଦନ ଯୋଗାଡ଼ ଯତ୍ନ

କରୁ ନ ଥିଲିକି ?
ରୋଗିଣୀ ସ୍ତ୍ରୀଂକୁ ଘଂଟା ଦେଖି ଠିକ୍ ସମୟରେ
ଔଷଧପତ୍ର ଦେଉ ନଥିଲି କି ?
ଦୁଃଖୀରଂକୀ ଗରିବଗୁରୁବାଂକ ଭଲମଂଦ
ବୁଝୁ ନଥିଲି କି ?
ଅଥଚ, ଏବେ ଏବେକୁ ମୋର କ'ଣ
ହୋଇଛି କେଜାଣି ଯେତେ ଚେଷ୍ଟା
କଲେବି' ବଡ଼ି ଭୋଅରରୁ ଶେଯରୁ ମୁଁ
ଆଉ ଉଠି ପାରୁନି। ଫି ବର୍ଷ ଚଷମା
ବଦଳାଇ ଯେତେ ମୋଟା କାଚର
ଚଷମା ପିଂଧିଲେ ବି' ମୋ ସ୍ତ୍ରୀଂକ
ମୁହଁ, ଠାକୁରାଣୀଂକ ଲକ୍ଷ୍ମୀପାଦ, ବହି
ଆଲମାରୀ ଥାକରୁ ତରବରରେ ଖୋଜୁଥିବା
ବହିର ନାଆଁ ଆଖିକୁ ଦିଶୁନି
ପରଳ ଜମି ଯାଇଥିବା ଆଖି, ଶୁଖିଲା
ତ୍ୱଚା, ଚର୍ମ ଓ ଚଉରାଶି ଶରୀର ମୋର
କି, ଆଉ କାହାର ଜମା ଜଣା ପଡୁ ନାହିଁ।

ଆଜି ନ ହେଲେ କାଲି, କାଲି ନହେଲେ
କେବେ ନା, କେବେ କେହି ଜଣେ ତ
ଅନୁଗ୍ରହ କରି ଏଠିକି ଆସିବେ
ମଣିମୁକ୍ତା ଖଚିତ ସୁବର୍ଣ୍ଣ ଯାନରେ ମତେ
ପାଖରେ ବସେଇ କୋଉ ନ ଥିବା ଲୋକକୁ
ଅତି ଆଗ୍ରହରେ ନେଇଯିବେ।

ମୁଁ କୋଉ ଡରିଯିବା ଲୋକ କି ?
କାହିଁ କେତେ ବର୍ଷ ବର୍ଷ ତଳୁ ସଜବାଜ
ହୋଇ ଆପଣାଛାଏଁ ବସିଛି ଯେ'
ବସିଛି ଏଯାଏଁ କାହାର ଏଠି
ଦେଖା ଦର୍ଶନ ନାହିଁ। କେହି ଜଣେ

ଯଦି ଦୈବାତ୍ ଏଠି ପହଂଚି ମତେ କହିବ,
"ଚାଲ ଭାଇ, ଚାଲ ଭାଇ, ଅନେକ
ଡେରି ହେଲାଣି, ତା ପଛେପଛେ ଛାଇ
ପରି ଅଣନିଃଶ୍ୱାସୀ ହୋଇ ଧାଇଁବା ଛଡ଼ା
ମୋର ଆଉ ଅନ୍ୟ କିଛି ଗତି ନାହିଁ।"

ତାଂକ କଥା ମାନି ଘରୁ ଗୋଡ଼ କାଢ଼ି
ନ ବାହାରିବା ଯାଏଁ ସେ ସହଜେ କ'ଣ
ମୋ ପିଛା ଛାଡ଼ିବେ ?
ଯାଉଛି ଯାଉଛି କହି ମୁଁ ହୁଏତ ବେଶ୍
କିଛି ବେଳ ଯାଏଁ କୋଉ ଅଲଂଘ୍ୟ ଭର୍ତ୍ତି
ପରିତ୍ୟକ୍ତ ଗଂଭୀରା ଭିତରେ, ଜେଜେମାଂକ
ଅମଳର କମକୂଟକରା କାଠ ସିଂଦୂକରେ
ବା ଆଉ କିଛି ନ ମିଳିଲେ ବାଡ଼ି ପଛ ପଟ
ପଚାସଢ଼ା ପାଳଗଦାରେ ଦୁଃଷ୍ଟ ପବନ ପରି
ଘଡ଼ିଏ ଅଟକି ରହିବି।

ଦିନେ ତ ସବୁକିଛି ଛାଡ଼ିଛୁଡ଼ି
ଦେଇ ଏଠୁ ଯିବି, କିଂତୁ, ଘଂଟା କଂଟା
ମିନିଟ୍ କଂଟା ଦେଖି ଠିକଣା ବେଳରେ
ସେ ନ ଆସିବା ଯାଏଁ
ଏଡ଼େ ବେଗାବେଗି ମୁଁ କଣ ଏଠୁ ଯାଇ
ପାରିବି ? ବେପାର ବଣିଜ, ଆୟବ୍ୟୟ
ହିସାବ ନ ତୁଟିଲା ଯାଏଁ ଯେ'
ରଂଗାରଂଗ ବଜାରର ମୋହମାୟା
ସହଜେ ମୁଁ କ'ଣ ଛାଡ଼ି ପାରିବି !
ଯିବା ବେଳ ହେଲେ ସିନା ଯିବି।

ଚରିତ୍ରହୀନ

(୧)

ଉତ୍ତର ଷାଠିଏ ପରେ ନିଜକୁ ନିଜେ
ପଳପଳ କରି ନଷ୍ଟ କଲେ, ବିରହ
ଓ ବିଷାଦର ନରକରେ ଭିତରେ ଭିତରେ
ଗୋଟିପଣେ ପଚିସଢ଼ି ଗଲେ
ଦୁଃଖ କଣ ?

ଦୁଃଖ କଣ ଲାଲ ଟହଟହ ମଟରରେ
ବସି ପ୍ରାଚୀନ ସହରର ଗଳି ଉପଗଳି
ପରିକ୍ରମା କଲେ, ଗାଢ଼ କଳା ରଂଗର
ମୋଟା ଚଷମା କାଚରେ ନିଜ ମୁହଁ
ଲୁଚେଇ ଜଣାଅଜଣା ସାଂଗସାଥୀଂକଠାରୁ
ସତର୍କରେ ଦୂରେଇ ରହିଲେ ?

ଦୁଃଶ୍ଚିଂତାରେ ଜୁଡୁବୁଡୁ ଅସ୍ତବ୍ୟସ୍ତ ମନ ଓ
ହୃଦୟ, ସ୍ଥିର-ନିଶ୍ଚିତ ଅଭାବବୋଧରେ ଶୋକାଚ୍ଛନ୍ନ
ଲୋକ ପରି ଖାଁ ଖାଁ ଦିଶୁଛି ଯେ' ପରିତ୍ୟକ୍ତ
ଘର, ସତେ କି' ଏ ଘର କେଉଁ ନାହିଁ
ନଥିବା ଅଦୃଶ୍ୟ ଗ୍ରହର ! କୋମଳ
ଗାଂଧାର ରାଗରେ ବେଳେବେଳେ ଅନୁରଣିତ
ବେଳେବେଳେ ନୀରବତାର ମଂତ୍ରପାଠରେ
ସ୍ତବ୍ଧ ଚକିତ ଶ୍ରୀହୀନ ଯେ' ଘରର
ବିଶୃଂଖଳିତ ଭିତର ବାହାର।

ଏଠି ସେଠି କୋଉଠି ପଡ଼ିଛି ଖଂଡ଼େ ଅଧେ
ପାଲଟା ଶାଢ଼ି ସାୟା ବ୍ରା ଓ ବ୍ଲାଉଜ
ଭଂଗା ଟ୍ରଂକ୍, ଅଧା ଜଳା ସିଗାରେଟ୍
ଗୋଛା ଗୋଛା କଳାଚିତି ମାରିଥିବା
ଚିଠି ପତ୍ର, ଶୂନ୍ୟ ରମ୍ ଶିଶି
ଘରସାରା ଚେମିଣିର ଚିଁ ଚାଁ
ଫଡ଼ଫାଡ଼ ଶବ୍ଦ ଅଦ୍‌ଭୁତ କିମିଆଁ
ଶୀରାରେ ଶୀରାରେ ହୁ ହୁ ହୋଇ
ଚରି ଯାଉଛି ସର୍ବଗ୍ରାସୀ କାମନାର ନିଆଁ।

କୋଡ଼ପୋଛା ଅଝଟ ସାନ ପୁଅକୁ
ମା' ତାର ଦେଉଛି ସାଂତ୍ୱନା ଯେ'
ଶୋଇ ପଡ଼ ଧନ ମୋର, ବାବା ମୋର
ପ୍ରାଣର ରତନ।
ଅତିକାୟ ମହାବଳ ମାତିଅଛି ଆଖପାଖ
ଘଂଚ ଅରଣ୍ୟରେ, ଆଖିବୁଜି ତୁନିତାନି
ଶୋଇପଡ଼ ଗହନ ନିଦରେ,
ପାଟି ଖୋଲିଲେ ଚାହୁଁ ଚାହୁଁ ଚାରିଆଡ଼େ
ଚରିଯିବ ଭୟ ଆଉ ଆତଂକର ନିଆଁ।

ନୀରବତାରେ ଭରପୂର ସଜଳ କଜଳ
ରାତି ଛନଛନ କନକନ ଛାତି
ବାଟବଣା ଘରବାହୁଡ଼ା କ୍ଳାଂତ ପକ୍ଷୀ ପରି
ରହି ରହି ଡେଣା ଫଡ଼ଫଡ଼ କରେ ଦୁର୍ଦ୍ଧର୍ଷ
ନିୟତି, ଚଉରାଶି ଯୋଜନ ଯାଏଁ
ପ୍ରଲଂବିତ ମୁହଁକୁ ମୁହଁ ଦିଶୁ ନଥିବା
ଘନ କଳା ରାତି ।

ରାତି ରାତି ଉଜାଗରେ ଉଦାସରେ
ଏକା ଏକା ପାହେ କାଳ ରାତି
ଠିକଣା ବେଳକୁ ଭୁଲ୍‌ଭାଲ୍ ହୋଇଯାଏ
ତମ ମୋ' ସଂପର୍କର ସରଳ ଜ୍ୟାମିତି ।

(୨)

ଗୋରା ତକତକ ଲହୁଣିମଖା ସୁଠାମ
ମୁହଁ ତାର ବେଳେବେଳେ ଝାପ୍‌ସା ଝାପ୍‌ସା
ଦିଶେ, ଉଦୁଉଦିଆ ଦିନ ଦି' ପହରେ ଜଗି
ବସି କେତେବେଳେ ବାଟ ମୋ' ଓଗାଳେ ତ
କେତେବେଳେ ଛକା ପନ୍‌ଝାରେ ବୋହୂଚୋରି
ଖେଳ ଖେଳି ମୋ ମାନ ମହତ ସାରେ
ଛାଇର ଅବିକଳ ଉହଳ ବିକଳ ଛାଇଟିଏ
ଭଳି ମୋ ପଛେପଛେ ନସରପସର ହୋଇ
ଆସ୍ତେଆସ୍ତେ ନିଜ ବଳ ବୟସ ବିଅର୍ଥରେ ସାରେ

ଛାଇଛାଇଆ ଜହ୍ନ ଆଲୁଅ ରାତିରେ
ମୋ ଆଗେ ସତକୁ ସତ ଠିଆ ଉଭା ମା'
ମଂଗଳା, ପିଂପୁଡ଼ିର ଧାର ପରି ପଛକୁ ପଛ
ଭାବ ଅଭାବର ନୂଆ ନୂଆ
କେତେ ଲୀଳା ଖେଳା ।

ଖେଳରେ ଖେଳରେ ଲୁତୁପୁତୁ ଦେହ ମୋର
ପ୍ରାଣ ମୋର ଭଂଗୁର ଶରୀର, ମନଠୁଁ
ଶରୀର ବଡ଼ ନା, ଶରୀରଠୁ ମନ ବଡ଼
ବୁଝିବାରେ ବିତିଗଲା ଦିନ ଦିନ ମାସ ମାସ
ବର୍ଷ ବର୍ଷାଂତର।

କେବେ ଥରେ କୋଉ ଅମୃତ
ବେଳାରେ ପଡ଼ିଥିଲି ପ୍ରେମରେ ତାଂକର
ପ୍ରେମରେ ପଡ଼ିଲା ଦିନ ଠୁଁ କଟା
କୁକୁଡ଼ାର ମୁଂଡ଼ ପରି ଛଟପଟ ହୋଇ
ବାର ଅନିଭୋଗ ଭୋଗୁଅଛି, ସାଂତ୍ୱନା
ଟିକେ ଦେବାକୁ ଯେ ମହୀମଂଡ଼ଳେ
କେହି ଜଣେ ନାହିଁ ଆପଣାର।

ଦୁର୍ଭାଗ୍ୟକୁ ଆମ ଭେଟ ହୋଇଥିଲା
କୋଉ ସ୍ମୃତି-ସ୍ନିଗ୍ଧ ସଜଳ ଲଗ୍ନରେ
ଠିକ୍ ଆଉ ମନେ ନାହିଁ କେଜାଣି
ବା' କେତେ ବର୍ଷ ତଳେ, ଠାବ ଠିକଣା
ନଥିବା ଅଘାଟରେ ଜହ୍ନ ଆଲୁଅ ରଂଗର ଚିକିମିକି
ମେଘିଳ ରାତିରେ
ଆଉ କେବେ ଜମା ଦେଖା ଚାହାଁ ହୋଇ
ନାହିଁ ଏଇ ଜୀବନରେ।

ହଂତସଂତ ଜୀବନର କପଟପାଶରୁ
ମୁକୁଳି ନା ମୁଁ ସୁଖେଦୁଃଖେ ପରିପୂର୍ଣ୍ଣ
ଜୀବନ ବଂଚିଲି ନା ମୁଁ, କାଠି ପଂଜୁରୀର ପରକଟା
ଶୁଆ ପରି ମନ ଫୂର୍ତ୍ତିରେ ଏଠି ସେଠି
ଟିକେ ଉଡ଼ି ପାରିଲି ?

ଦୁର୍ଭାଗ୍ୟକୁ ଆମ ଦେଖା ହୋଇଥିଲା ଦିନେ
କେଜାଣିବା କେତେ ବର୍ଷ ତଳେ, ସେଇ ଦେଖା
ଯେ' ଜୀବନକାଳର ପ୍ରଥମ ଓ ଶେଷ

ଦେଖା, କିଏ ଜାଣେ ଆଉ ଦେଖାଚାହାଁ
ହେବ କି, ନ ହେବ ଏଇ ଜୀବନରେ।

(୩)

ଦେହରେ ଅମାପ ଖଇଫୁଟା ତାତି
ସେ' ତାତିରେ ଯୁଗ ଯୁଗାବଧିର ପୁଂଜିଭୂତ
ଅନେକ ଯଂତ୍ରଣା। ଯଂତ୍ରଣାର ବଂଦ
ଜଉ ଘରେ ଥରକୁ ଥର କେତେକେତେ
ଭଲ ବୁଝାମଣା। ଭାବ ଅଭାବର
କେତେକେତେ ଦିଆନିଆ ଠାରଠୁର
ରୋଗରୋଷ ଘେନାଘେନି କୋଳାକୋଳି
ଦାଂତରେ ଦାଂତର ଖେଳ
ଓଠରେ ଓଠର ଭିଡ଼
ଟଣାଟଣି ଦେହ ଓ ମନର। ଦେହ ଦେଉଳରେ
ବିଅର୍ଥରେ କେତେକେତେ ଭଂଗାଗଢ଼ା
ମପାଚୁପା ଖେଳ ପାପ ଓ ପୁଣ୍ୟର।
ଦେହରେ ଅଦେହ ଓ ଅଦେହରେ ଦେହର
ଭୁରୁଭୁରୁ ଗଂଧ ଦେହ ତାର କାଚ କଂଢେଇର।

ଡହଡ଼ହ ମୁହଁ ଖରାବେଳେ ଦିନେ ଦିନେ
ନିଆଁ ଲାଗେ ଅଚାନକ ମନ ଅରଣ୍ୟରେ
ନିଆଁ ଲାଗେ ଓଠ କପାଳ ଓ ଫପସା
ହାଡ଼ ଓ ଗଂଠିରେ, ନିଆଁ ଲାଗେ ମଳି ଚମ
ଶରୀରର ଚଉହଦିରେ,
ଜଳିପୋଡ଼ି ଟଳମଳ ଟଳି
ପଡ଼େ ଗଛ ବୃଛ ଡାଳ ପତ୍ର ବନ ଓ
କାଂତାର, ସର୍ବଗ୍ରାସୀ ଅନଳରେ ଦେଖୁ ଦେଖୁ
ମୁଠା ମୁଠା ପାଉଁଶ ପାଲଟେ ଗୋଟା ଗୋଟା
ଐତିହାସିକ ଦୁର୍ଲ୍ଲଂଘ ପାହାଡ଼,
କେତେକେତେ ଭଂଗାଗଢ଼ା ସ୍ମରଣୀୟ

ଅସୁରକ୍ଷିତ ଗଡ଼, ମୁଁ ବି ଗଡ଼ାଧିପତି
ଆଖପାଖ ଖଂଡ଼ମଂଡ଼ଳର !

ଶିରିଶିରି ପବନରେ ଚାପାହସ
ଶୁଭୁଅଛି ଦୋଚାରୁଣୀ, କି ମଂତ୍ର
ଜାଣିଛି ରେତ ପିତ୍ତ ଶିରା ଓ ପ୍ରଶିରାରୁ
ମୋର ପୋଷପୋଷ ରକ୍ତ ଅସୁରୁଣୀ ପରି
ନେଇଅଛି ଟାଣି
କ୍ଷଣ କ୍ଷଣକେ ନିଶ୍ଚଳ ପୃଥିବୀର
କୋଣେ ଅନୁକୋଣେ ଗୁଂଜରିତ
ହେଉଛି ଆମ ବିଫଳ ପ୍ରେମର କରୁଣ ରାଗିଣୀ ।

(୪)

କେମିତି ବୁଝେଇ କହିବି ଯେ' ମୁଁ
ଜଣେ ଭୟଂକର ନିଶାସକ୍ତ
ଅଭ୍ୟାସଗତ ମଦ୍ୟପ, ସଂସ୍କାର ବର୍ଜିତ ସାମାଜିକ
ବିଧି ବ୍ୟବସ୍ଥାର ମୁଖାପିଂଧା ଖୋଳପା
ଭିତରେ ଗୋଟେ ଦୁଷ୍ଟ ବ୍ରଣ,
ଚର୍ଚ୍ଚାରେ ଚର୍ଚ୍ଚାରେ ମୋ' ପରି
ଅଭାଗାର କୀର୍ତ୍ତି ଅପକୀର୍ତ୍ତି ଅହରହ
ଅନୁରଣିତ ଅବକ୍ଷୟୀ ପୃଥିବୀର
କୋଣ ଅନୁକୋଣ ।

ମୁଁ ତମର ସାଧାସିଧା ଅକୃତ୍ରିମ
ବିଶ୍ୱାସକୁ ପଳପଳ କରି ନଷ୍ଟ କରି
ଆସିଛି ପ୍ରତି ମୁହୂର୍ତ୍ତରେ, ପ୍ରତି ମୁହୂର୍ତ୍ତ ପର
ମୁହୂର୍ତ୍ତମାନଙ୍କରେ ଉଛୁଳା ନଈର
ଦୁଇ ଅମାନିଆ ଧାର ପରି ଭିଡ଼ି
ଓଟାରି ହୋଇ ଏଣେ ତେଣେ ବହି
ଯାଇଛି ଗାଢ଼ ଅନୁରାଗରେ,

ଅଚିହ୍ନା ବ୍ୟାଧିର କୀଟାଣୁ ଯେତେ
ହୃଷ୍ଟପୁଷ୍ଟ ହୋଇ ବଢୁଛନ୍ତି ମୋ
ରକ୍ତକୋଷରେ ନିଜ ଅଗ୍ୟାଂତରେ ।

ରୂପେଲୀ ଚାଂଦୁଆ ଭଳି ଚକମକ
ଘନ ନୀଳ ଆକାଶର ଦୃଷ୍ଟି
ବଳୟ ଆର ପାରେ
ନାହିଁ ନଥିବା ବହଳ ଅଂଧାର
ଶଂଗରୁ ଶୃଂଗକୁ ଡେଇଁ, ଶିଖରରୁ
ଶିଖରକୁ ଅତିକ୍ରମୀ କାୟା ବିସ୍ତାର କରି
ବସିଛି ବିଷାଦ ଓ ବିରହରେ ଅଣନିଃଶ୍ୱାସୀ
ହୋଇ ପଡୁଥିବା ଏଇ ପ୍ରାଚୀନ ଘର
ଓ ସେ ଘରର ଭିତର ବାହାର ।

ଅସନା ଅବର୍ଜିଆ ରଣଭଣ ଘରେ
ଗୋବର ଲିପା ମାଟି ଠଣାରେ ଦିକିଦିକି
ଜଳୁଥିବା ନିଷ୍ପ୍ରଭ ଡିବି ଆଲୁଅରେ
ରକ୍ତ ମୋର ଟକମକ ଫୁଟୁଅଛି
ନାହିଁ ନ ଥିବା ଅବ୍ୟକ୍ତ ଭୟରେ
ଉଦ୍‌ଭ୍ରାଂତ ପବନ ବାଡ଼େଇଛାଟି ହେଉଛି
ବିଧୁନିତ ପ୍ରହରରେ ଝାଟିମାଟିର
ଶୂନ୍‌ଶାନ୍ ପରିତ୍ୟକ୍ତ ଘରେ ଯେଉଁଠି,
ତମେ ବହୁ କାଳୁ ନଥାଇ ବି'
ପାଖେ ପାଖେ ଛାଇ ପରି
ଥିଲା ଭଳି ଲାଗୁଅଛ ପ୍ରତିଟି କ୍ଷଣରେ ।

(୫)

ଆଦ୍ୟ ଆଷାଢ଼ରେ ମୁଁ ତମ ସ୍ମୃତିରେ
ହଜେ ନିତି ମରେ ନିତି ଜନ୍ମେ ଜନମ
ଜନ୍ମାଂତରେ । କି ଅପୂର୍ବ ଶିହରଣ

ବିଷ ପରି ଚରିଯାଏ ଶୀରାରେ
ଶୀରାରେ । ମୁଁ ଆଉ ମୋ' ନିଜର ହୋଇ ନ ଥାଏ
ନୀତିଭ୍ରଷ୍ଟ ଭଦ୍ରଲୋକ ପରି ଥରକୁ ଥର
ବାଟ ଘାଟ ଛୁଡ଼ି
ଭୂତ ଭବିଷ୍ୟତ କଥା ଭୁଲିଯାଉଥାଏ ବେଳ ଅବେଳରେ ।

ଦିନ ଦିନ ରାତି ରାତି ଧରି ତମ କଥା
ଖୁବ୍ ବେଶୀ ମନେ ପଡ଼େ, ଜଂକ୍‌ଲଗା
ପୁରୁଣା ସୁଟ୍‌କେଶ୍ ଖୋଲି ଗୋଛାଗୋଛା
ତମ ଚିଠି ପଢ଼େ, ଚିଠି ପଢୁ ପଢୁ ଲୁହ
ନୁହେଁ ମୋ ଆଖିରୁ ଧାର ଧାର
ଲହୁ ଝରି ପଡ଼େ ।

ଚୁଲି ଚାଳ ନଥିବା ଯେ ଅସଜଡ଼ା ଘରେ
ଯେଉଁଠି ସୂର୍ଯ୍ୟ ଚଂଦ୍ର ଆଦୌ ଦିଶଂତି
ନାହିଁ ବର୍ଷ ବର୍ଷ କାଳ କତରାଲଗା ଅବସ୍ଥାରେ
ପଡ଼ିଥିଲାବେଳେ ମରଣ ଶେଯରେ
ଅପ୍ରତ୍ୟାଶିତ ଭାବେ ଦର୍ଜ୍ଜ ବଢ଼େ, ଦର୍ଜ୍ଜ ବଢ଼େ
ସମଗ୍ର ଶରୀରେ ତମ ଦୀର୍ଘ ଅନୁପସ୍ଥିତିରେ ।

କ୍ଷଣକେ ପାସୋରି ଯାଏ ଯେ'
ପୁଅ ବୋହୂଂକ ସଂସାର ଭିତରେ
ପୋଷା ଶୁଆ ପରି କାଠ ପଂଜୁରୀରେ
ପର ଝାଡୁଥିବା ମୁଁ ଗୋଟେ
ଅନୁରକ୍ତ ସ୍ୱାମୀ ଆଜୀବନ ବ୍ୟାଧିଗ୍ରସ୍ତା
କୋଉ ଜିଦିଖୋର ସୁଂଦରୀ ପତ୍ନୀର !
ଅଂଧ ବାତ୍ସଲ୍ୟର ମମତା ଡୋରିରେ
ଗୃହବଂଦୀ ଅସଫଳ ପ୍ରବାଦ ପୁରୁଷ
ମାତା ପତ୍ନୀ ପୁତ୍ର ପ୍ରେମେ ବଂଧା ମୁଁ
ଅର୍ଖିତ ଶୂନ୍ୟ ସଂହିତାର ।

ଘନ ନୀଳ ନିବାଡ଼ ନିରଂଧ୍ର ଆକାଶର
ଦିଗ୍-ବିଦିକ୍‌ରୁ ତମେ
ଅଶରୀରୀ ପରି ଅଚାନକ ଆସୁଛ
କି' ସ୍ୱପ୍ନରେ ସ୍ୱପ୍ନରେ ମାୟା ମେଘେ
ଘନିବୃତ ରହସ୍ୟମୟ କୁଜ୍‌ଝଟିକାରେ ?
ଲକ୍ଷ୍ୟଚ୍ୟୁତ ହତାଶ ବାଟୋଇ ପରି
ଦୁର୍ଦ୍ଦାଂତ ପବନ ତୁହାକୁ ତୁହା ବହୁଚି
ଯେ' ବହୁଚି ଦକ୍ଷିଣ ଦିଗରେ ।

(୬)

ସାମୁଦ୍ରିକ ଝଡ଼ ପରି ଅଂଧାର ଆସୁଛି
ମାଡ଼ି ଆକାଶୁ ମହାକାଶୁ ଦୁର୍ଗମ ପାର୍ବତ୍ୟମାଳାର
ସୁଉଚ୍ଚ ଶିଖରୁ, ଗଛରୁ ଖଂବରୁ ଡେଇଁ
ଝାଟିମାଟିର ନୂଆଣିଆ ଛପର ଘରକୁ ।
ତବଡ଼ବ ଫୁଟୁଥିବା ଉତୁରିଲା ଦୁଧ ହାଂଡ଼ି
ପରି ସେଠି ମୁଁ କଣ ଆଉ ବସି ରହିଛି
କି' ଡାକିହାକି ତମକୁ ପାଛୋଟି ଆଣିବି
ଗାଢ଼ ଆବେଗରେ ଭଂଗା ଦଦରା ଯେ'
ପ୍ରାଚୀନ ଘରକୁ ।

ଆଖପାଖ ଘନ ବନାନୀରେ ବାଟବଣା
ପଥିକଟି ପରି କ୍ଷଣୁଁ କ୍ଷଣ ମୁଁ ଭୁଲି ଯାଉଛି
ମୋ ଅଭିଶପ୍ତ ଜୀବନର ଜନ୍ମଜାତକ
କୋଉ ଅଗ୍ୟାଂତ ପିତା ପ୍ରପିତାମହଂକ
ଔରସରୁ ମୁଁ ଭୂମିଷ୍ଠ, କେମିତି ଆରଂଭ
ମୋର, କୋଉଠି ମୋ ଶେଷ
ଲୋକ ଦେଖାଣିଆଭାବେ ନାଆଁକୁ ମାତ୍ର
ମୁଁ ବଂଚି ରହିଛି, ଅଦ୍‌ଭୁତ ଖିଆଲର ମୁଁ ଅଜବ ମଣିଷ ।

ନା, ମୁଁ ଘର ସଂସାର କରି ସଂସାର ଭିତରେ
ସୁଂଦରୀ ପତ୍ନୀଂକ ପାଇଁ ବିଶ୍ୱସ୍ତ ସ୍ୱାମୀଟିଏ

ହେଲି ? ନା, ମୁଁ ସଂସାରଛଡ଼ା ହୋଇ କାହା
ମନ ଜିଣି ପାରିଲି ?
ଆଜନ୍ମରୁ ଯୋଉ ଅଭାଗା ଥିଲି ଶେଷକୁ
ସେଇ ଅଭାଗାଟି ପରି ରହିଗଲି ।

ମୁହଁକୁ ମୁହଁ ଦିଶୁ ନଥିବା ଅଂଧାର ରାତିରେ
କୋଉ ଅସୂର୍ଯ୍ୟଂପଶ୍ୟା ନାରୀର ବାହୁ ବଂଧନରେ
ରାତି ବିତାଉଛି ପରିଚ୍ଛନ୍ନ ସକାଳରେ
ସାଧାସିଧା ଭଦ୍ରଲୋକ ସାଜି ପାପପୁଣ୍ୟ
ନୀତି ଅନୀତି ବିଷୟରେ ଅନର୍ଗଳ ଭାଷଣ ଦେଉଛି ।

ମୁଁ ଭୀଷଣ ଏକାକୀ ! ମୋର ଆଗେ ପଛେ
କେହି ବୋଲି କେହି ନାହିଁ,
କ୍ଷଣକେ ଭୁଲି ଯାଉଛି ମୋ ଅର୍ଦ୍ଧାଂଗିନୀ
ବାର ମାସେ ତେର ବ୍ରତ ଉପାସନା କରି
ଦୁଇ ଆଂଠୁ ପାତି ନିତି ସକାଳ ସଂଜରେ
ଇଷ୍ଟ ଦେବୀଂକ ପାଖେ ପ୍ରାର୍ଥନା କରୁଛି
ଅଲିଅଳ ବଡ଼ ପୁଅର ପୁଅ ରାହୁଲ୍
ନାଲି ମଟରରେ ବସି ପ୍ରାତଃ ଭ୍ରମଣରେ
ଯିବା ପାଇଁ ଅଝଟ କରି ଘର ଫଟାଉଛି ।

ଏତେ କଥାସବୁ ବାକୀ ଥାଉ ଥାଉ ମୁଁ ଅଭାଗା
କେମିତି କେଜାଣି ଭୁଲି ଯାଇଛି ଯେ ଗଲା କେତେ
ମାସ ଧରି ଘର ଭଡ଼ା ଦିଆ ଯାଇନାହିଁ
ଘର ଖାଲି କରିଦେବା ପାଇଁ ଘର ମାଲିକ
ଥରକୁ ଥର ନୋଟିସ୍ ଦେଉଛି
କୂଟକପଟ ନ ବୁଝି ମୋ ସାନ ନାତି ରୋହନ୍
ପେଟ ବିକଳରେ ମାଆ ଥନ ଝୁଣ୍ଡୁ ଝୁଣ୍ଡୁ
ରାହା ଧରି କାଂଦି ଉଠୁଅଛି ।

ପୁନଶ୍ଚ, ମୁଁ ଯାଉଛି ଭୁଲି ପରଲୋକଗତ
ମୋ ବାପା ଓ ବୋଉଙ୍କ ଅସ୍ଥିକୁ ଗଂଗା କିଂବା,
ପ୍ରୟାଗରେ ବିଧି ମତେ ବସର୍ଜି ତର୍ପଣ କରି
ଚାରି ତୀର୍ଥ ପରିକ୍ରମା କରିବାକୁ ହେବ
ଗାଁ ଭାଇ ବଂଧୁବାଂଧବଂକୁ ସାଧ ମତେ
ନ ସଂଖୋଳିଲେ ବାର ଅନର୍ଥ ଘଟିବ
ତଗାବି ଋଣ ନ ଶୁଝିଲେ ପୁରୁଷ ପୁରୁଷ ଅମଳର
ଖେତ ବାଡ଼ି, ଦୁଧିଆଳୀ ଜର୍ସି ଗାଈ, ଫଳଂତି
ନଡ଼ିଆ ଗଛ, ଭରପୂର ମାଛ ପୋଖରୀ ଇତ୍ୟାଦି
ଯେତେ ଯେତେ ସ୍ଥାବର ଅସ୍ଥାବର ସଂପତ୍ତି ନିଲାମ ହୋଇବ।

(୭)

ଏତେ କାମ ବାକୀ ରହିଥିଲା ବେଳେ ମୁଁ
କେମିତି କେଜାଣି ମଲ୍ଲୀମାଳ ହାତରେ ଗୁଡ଼େଇ ଇସ୍ତ୍ରୀକରା
ଧୋତି ଓ ଜରିଦିଆ ପଂଜାବୀ ପିଂଧି ଠିକ୍ ରାତି
ବାରଟାରେ ଘରର କବାଟ
ଠକ୍ ଠକ୍ କରେ। ଖଇ ଫୁଟା ତତଲା ହାଓ୍ଵାରେ
ସାରା ରାତି ନିଜ ସତ୍ତା ଭୁଲିଯାଇ ଦେହ
ବୃଂଦାବନେ ତାର କେତେକେତେ ଲୀଳାଖେଳା ଚାଲେ।

ଏତେ ନିଂଦା ଅପବାଦ ସତ୍ତ୍ୱେ
ଯେତେ କମ୍ ଅଂଗବାସ ପିଂଧି ସତର୍କରେ ଝର୍କା
ଓ କବାଟ ଖୋଲି ସଂତର୍ପଣେ ସ୍ୱାଗତଃ ଜଣାଇ
ମତେ ସେ' ଆପେଆପେ ଦ୍ୱାର ବଂଦ କରେ
ମୋ ଦେହେ ସବାର ହୋଇ ଲାଜଲାଜ ଚାହାଣିରେ
ପ୍ରଶ୍ନ କରେ "ଆସିବା ବାଟରେ ଅଘଟନ
କଥା କିଛି ଘଟିଲା କି ?
ଚଂପକବରନା ପତ୍ନୀ ତମର ପୁଅ ମୁଂଡ଼ ଛୁଇଁବାକୁ
ଜିଦି କଲେ କି ? ଅବା, ବାଟ ମଝିରେ
ଅକସ୍ମାତ୍ କିଛି ଗୋଟେ ଦୁର୍ଘଟଣା ଘଟିଲା କି ?

କେତେ ଆଜେବାଜେ ଏଣୁ ତେଣୁ ପ୍ରଶ୍ନ
କେତେ ପୁଣି ଆପତ୍ତି ଓଜର ଅଲାଜୁକୀ
ଦୁଃଶ୍ଚରିତ୍ରା ବାରନାରୀ କି ଅଶୁଭ ସ୍ୱପ୍ନରେ
ହୁଏ ଏତେ କଲବଲ ଯେ' କୋଉ
ପ୍ରଶ୍ନର ପ୍ରଶ୍ନ, ଯେ' ବା' କଣ ପ୍ରଶ୍ନର ଉତ୍ତର,
ତା ସହିତ କି ସଂପର୍କ ? ସଂପର୍କ ବା କେତେ
ବର୍ଷ କେତେ ଯୁଗ,
ଯୁଗ ଯୁଗ କାଳ କାଳ ଅନଂତ ଯୁଗର !

ଭୟ ଆଉ ସଂଶୟରେ ଭରପୂର ପ୍ରଶ୍ନ
ପରେ ପ୍ରଶ୍ନ ପରେ ପ୍ରଶ୍ନ କେତେ ଯେ' ବିସ୍ମୟ !
ସ୍ୱପ୍ନରେ ସ୍ୱପ୍ନରେ କଳକଳ ଛଳଛଳ ବିଗଳିତ
ମହମ ହୃଦୟ, ସ୍ମୃତିର ଯଂତ୍ରଣା କେତେ ବର୍ଣ୍ଣ ନୀଳ
ବର୍ଣ୍ଣନୀଳ ଆକାଶର ରଂଗ
ବିରହ ବିଧୁର ପୋଡ଼ାପିଂଡ଼ ନିର୍ଜନ ନିଃସଂଗ
ରକ୍ତହୀନ ଶେଥା ଓଠ ଚିବୁକ କପାଳ, ଥରଥର
ଚାହାଣିରେ ଡହଡ଼ହ ବିକଳ ଅଂତର।

ଏକ ଦିଗେ ଯଂତ୍ରଣାର ଡହଡ଼ହ
ନୀଳ ହ୍ରଦ ଗୋମତୀ କିନାର, ଅନ୍ୟ
ଦିଗେ ଛଟପଟ ଜୀବନର ଗୁପ୍ତ ଅଭିସାର
ଲୁଚାଛପା ପୀରତିରେ ଏକ ଦିଗେ
ହାଃ-ହୁତାଶେ ଜ୍ୱାଳାମୟ ପ୍ରାଣ
ଅନ୍ୟ ଦିଗେ କୁଳଟାର ଆମଂତ୍ରଣ
ଅପାଶୋରା ଅଭୁଲା ପ୍ରେମର ନିଶାଣ।

ପ୍ରେମର ମର୍ମର ଧ୍ୱନି ଆଂଦୋଳିତ ମୋ
ଦଗ୍ଧ ହୃଦୟ, ଦେହ ଦେହଳିରେ କେତେ
ଚିତ୍ର ବିଚିତ୍ର ଦୃଶ୍ୟ ଚିତ୍ରାର୍ପିତ ଆରକ୍ତ ଉଦୟ
ସେ ମୋ ସବୁଜ ସ୍ୱପ୍ନ ନିରଂଧ୍ର ବଂଶୀର

ଇସାରା ପଚମାନ ଶରୀରର ମୂକ ସାକ୍ଷୀ
ଅଫୁରଂତ ପ୍ରେମର ପସରା ସେ ମୋର ମାହାର୍ଦ୍ଦ
କଣିକା, ପ୍ରାଣର ପ୍ରାଣ, ଏକାଂତ ସଂଗିନୀ
ନିଃସର୍ତ୍ତରେ ଦୁଇ ପିଂଡ଼ ମିଳିମିଶି ଗଲେ
ନାହିଁ ଦ୍ୱିଧା ନାହିଁ ମୋର ଗ୍ଲାନି।

ସେ ଏକ କାନ୍‌ଭାସ୍ ହେଲେ ମୁଁ
ହେବି ତାର ଚିତ୍ରକର। ସେ ଏକ
ଯଂତ୍ରଣାର ବୀଣା ହେଲେ ମୁଁ
ହେବି ସେ ବୀଣାର ଭଂଗାଗଢ଼ା ସୁର।

(୮)

ସାରା ରାତି ଦୁଃଶ୍ଚିଂତାରେ ଅସ୍ତବ୍ୟସ୍ତ, ସ୍ୱପ୍ନ
ଓ ଦୁଃସ୍ୱପ୍ନରେ ଜୁଡୁବୁଡୁ ଅସ୍ଥିର ହୃଦୟ,
ସାରା ରାତି ହାଡ଼ଗୋଡ଼ କଟମଟ, ରକ୍ତର
ନଦୀରେ ଲୁଚିଛପି ଫଣା ଟୋଳେ କଳା
ନାଗ, ସମୟ ବି' କେଡ଼େ ଦୁଃସମୟ
ସ୍ୱପ୍ନରେ ସ୍ୱପ୍ନରେ ସେ ନିତି ଆସେ ନିତି
ଯାଏ ଅତିକ୍ରମୀ ବିଲ ବଣ, ନଦ ନଦୀ,
ପର୍ବତ କାଂତାର, ସ୍ୱର୍ଗର ଖସଡ଼ା କେତେ
ଡେଇଁ କେତେ ଗ୍ରହ ନକ୍ଷତ୍ର ନରକର ଗଡ଼।

ଦେହ ଦେଉଳରେ ଯିବା ଆସିବାର କେତେକେତେ
ଚିହ୍ନା ପାଦ ଅଚିହ୍ନା ନିଶାଣ,
ନିର୍ମମ ନିୟତିର କେତେ ଯେ' କଷଣ
କେତେ ଅଭୁଲା ଅପାଶୋରା ସ୍ମୃତି
ଲୋଚାକୋଚା ବିଛଣାରେ ଦେହ ଆଉ
ଦେହର ଜ୍ୟାମିତି
ଫୁଂଗୁଳା କୋଳରେ ମାଛ ପରି ଛଟପଟ
ଦରମଳା ନିର୍ବେଦ ଶରୀର, ନିଃଶ୍ୱାସ

ପ୍ରଶ୍ୱାସରେ ଘନଘନ ପ୍ରତିଧ୍ୱନି ଅଧାଲେଖା
କାବ୍ୟ କବିତାର
ଆଖିରେ ଆଖିଏ ସ୍ୱପ୍ନ ଦେହ ତା'ର ନିତ୍ୟ
ବୃଂଦାବନ, ଯଂତ୍ରଣାର ଦାବାନଳେ
ଦଗ୍ଧିଭୂତ ମନ ପ୍ରାଣ,
ଅବଶିଷ୍ଟ ଜୀବନର
ବଳକା ଆୟୁଷତକ ଦିନୁ ଦିନ ହେଉଅଛି କ୍ଷୀଣ।

ସ୍ୱପ୍ନରେ ସ୍ୱପ୍ନରେ କେତେକେତେ
ରସୋତ୍ତୀର୍ଣ୍ଣ ଚିତ୍ର ବିଗତ ଦିନର ଥଳକୂଳ
ନଥିବା ବଢ଼ିଲା ନଈ ସୁଅରେ ଭାସି ଭାସି
ଯାଏ କେତେ ଚିହ୍ନାଚିହ୍ନା ଅଚିହ୍ନା ମୂର୍ଚ୍ଛାର
ତା' ଦେହର ପରିଛନ୍ନ ଝରଣା ଜଳରେ
ମୁହଁ ଦେଖେ ମହାବଳ
ହାଇ ମାରେ ଅଳସରେ, ପାଣିରେ ଜମାଏ
ଖେଳ, ଲଂଫମାରେ ପାହାଡ଼ୁଁ ପାହାଡ଼
ଶୃଂଗରୁ ଶୃଂଗକୁ ଡେଇଁ କୁଦି ଅଚାନକ
ମାଡ଼ିଆସେ ନାହିଁ ନଥିବା ଅଦିନିଆ ଝଡ଼।

ଚାହୁଁ ଚାହୁଁ ଚାରିଆଡ଼େ ଚରିଯାଏ
ଗାଢ଼ କଳା ମେଘ ଓ ଅନ୍ଧାର
ରାତିରେ ମୁଁ ହୁଏ ପଥବଣା, ଅଧା
ଛାଇ ଅଧା ଆଲୁଅର ନାଲି ନୀଳ ରୋଶଣୀରେ
ଆକାଶ ମଂଥନ କରି ଉଲ୍ଲଗ୍ନ
ନୃତ୍ୟରେ ନାଚିନାଚି ଝରିଯାଏ ଭୀମକାଂତ ପାହାଡ଼ୀ
ଝରଣା, ପାଣିଚିଆ ଫିକା ସ୍ୟାହୀ ପରି
ବିଭଂଗ ରଂଗରେ ରଂଗାୟିତ ମୁହଁ
ଷାଠିଏ ବର୍ଷର ଜୀବନ କାଳ ଭିତରେ
ଦୁଃଖରେ ଆଉଟା ଯେତେଯେତେ

ସ୍ମୃତି ସ୍ମୃତି ନୁହଁ, ଆରମ୍ଭ ଓ ଶେଷ
ନଥିବା ସାଧାସିଧା ଜୀବନଚର୍ଯ୍ୟାର
ଅଭୁଲା ଓ ଅପାସୋରା କୋହ।

ଭୁଲ କା'ର ? ଠିକ୍ କା'ର ଜଣା ପଡ଼େ
ନାହିଁ ତା ଲୁହ ମୋ କୋହ ମିଳିମିଶି ବହି
ଯାଏ ଭରପୂର ନଈଟିଏ ହୋଇ ନଈରେ
ଅକାତକାତ ପାଣି ଆଉ ପାଣିର ବଖରା,
ହାତ ଗୋଡ଼ ପାଉ ନାହିଁ, କିଏ ବୁଡ଼େ
କିଏ ଉଠେ ସହଜରେ ଆମେ ଦୁହେଁ
କେହି କାହା ପାଖେ ଦେଉନାହୁଁ ଧରା।

ଅଦ୍‌ଭୁତ ଖେଳର ଆମେ ଅଂଶୀଦାର
ଭାଗମାପ ରୀତିନୀତି ଜଣା ନାହିଁ,
ଭୁଲ୍ ଠିକ୍ କହିବାକୁ କେହି ଜଣେ
ଆଖେପାଖେ ନାହିଁ
ନା, ସେ' ବୁଝୁଛି ମତେ ତିଳତିଳ ନଷ୍ଟ
କରି ତା'ର ଭରପୂର ବଳ ବୟସ
ଓ ନବ ଯୌବନକୁ ?
ନା, ମୁଁ ବୁଝୁଛି ତା'ର ଦୁଃଖ କେତେ
ବେଶୀ ଅପ୍ରମିତ କେତେ ରୋଗ
କେତେ କେତେ ଅସାଧ ବ୍ୟାଧି ଓ ଯନ୍ତ୍ରଣାରେ
ଭରପୂର ଜୀବନଚର୍ଯ୍ୟାକୁ ?
ଦିଗ୍-ବିଦିକ୍ ବ୍ୟାପୀ ମୋ ଆଗେପଛେ
ଉତ୍ତାଳ ପାରାବାର ଊର୍ଦ୍ଧ୍ୱେ ଶୂନ୍ୟ ନୀଳାକାଶ,
ଚଉଦିଗେ ରୌରବ ନର୍କ
ନାମ-ରୂପ-ରସ-ଗନ୍ଧହୀନ ଶବ୍ଦର ବିନ୍ୟାସ
ଶ୍ୟାମଳ ସମୟର ସବୁଜ ପୃଷ୍ଠାରେ
ଅଶବ୍ଦ ଓ ଶବ୍ଦମାନଙ୍କର ଅସରନ୍ତି ଖେଳ,
କିଏ ଜିତେ, କିଏ ହାରେ ଠିକଣା

ବେଳରେ କହିବାକୁ ଆଗେପଛେ
ଲୁଚି ଲୁଚି ବସି ରହିଥାଏ ଅଂଧ ମହାକାଳ।

(୯)

ରାତିରେ ଆରକ୍ତ ମୋର ମନ ପ୍ରାଣ
ଉଲଗ୍ନ ଶରୀର ତା ଦେହର ମାନଚିତ୍ରେ
ଲୁଚାଛପା ଛକ ଶୂନ ଖେଳ,
କିଏ ଊର୍ଦ୍ଧ୍ୱେ କିଏ ଅର୍ଦ୍ଧେ ବୁଝିବାକୁ ନାହିଁ
ବେଳକାଳ
ମୁଁ ତାକୁ ଉଲଗ୍ନ କରି ନଚାଇବି
ମହାଦେବୀ ପରେ, ମୁଁ ତାକୁ ରମଣ
କରି ରଂଗାଇବି ପ୍ରତିଟି ବଂଧରେ
ସଭାମଂଡ଼ପରେ ମୁଁ ତାକୁ ପ୍ରାର୍ଥନା କରି
ପୂଜୁଥିବି ଜନ୍ମ ଜନ୍ମାଂତର ପାଇଁ
ସକାଳ ସଂଜରେ।

ସେ ମୋର ଉପାସ୍ୟ ଦେବୀ, ମୁଁ ଚାହେଁ
ତାରି ଆଶିଷ, ସେ ଏକ ସୁଗଂଧ ଫୁଲ,
ମୁଁ ସେ ଫୁଲର ଅଜଣା ମହକ। ତା ସହିତ
ଆରଂଭିବି ଲୀଳାଖେଳା ଚୁମି ତାର ନଗ୍ନ
କଟୀ ନିଟୋଳ ଯୌବନ, ମୁଁ ତାକୁ
ଶିଖେଇବି ବଡ଼ ଦାଂଢ଼େ ସଂଘର ନିୟମ,
ତା ସହିତ ପାରିଧିରେ ବାହାରିବି ଅତିକ୍ରମୀ
ଖାଲ ଖମା ହିଡ଼ ବାଡ଼ ବନ ଓ କାଂତାର, ତା
ପଣତ କାନିରେ ବାଂଧିବୁଂଧି ରଖିଦେବି
ଗୋଟାଗୋଟା ମନଲୋଭା ବୈଦୂର୍ଯ୍ୟ ପାହାଡ଼,
ସେ ମୋର ସୁନୀଳ ସ୍ୱପ୍ନ, ଅବଶିଷ୍ଟ ଜୀବନର
ଅଭୟ କବଚ ତା ପ୍ରେମରେ ଅଂଧ ହୋଇ
ବାରଂବାର ଜନ୍ମୁଥିବି ମରୁଥିବି ଏଇ ଧରା
ପରେ ନାହିଁ ଭୟ ନାହିଁ ମୋର ଦକ। ■■

ଉଠ ଦେବୀ

ଉଠ, ରାହୁଲ୍ ଓ ରୋହନ୍‌ର ଅଳି
ଅର୍ଦ୍ଧଳିରେ ଫାଟି ପଡୁଛି ଆବୁରୁଜାବୁରୁ
ଅସଜଡ଼ା ଘର,
ସିଲ୍‌କ ପର୍ଦ୍ଦା ଫାଂକରୁ ଫିକ୍ କିନା
ଭାସି ଆସୁଛି ବଂଧ୍ୟା ମେଘର ଗଜଲ।

ସଦ୍ୟ ବିଧବାର ପ୍ରଶସ୍ତ କପାଳରେ
ମଂତ୍ରମୁଗ୍ଧ ଅନଂତ ରାତିରେ ଅଭିସାର,
ଛାଇ ଆଲୁଅର ଝିଲିମିଲି ହୀରକପୁରୀରେ
ରିମିଝିମି ତାରକାଂକ ବୋହୂଚୋରି ଖେଳ,
ଅପତ୍ୟ ସ୍ୱଜନଂକ ଭିଡ଼ ଭିତରେ ଫାଟି
ପଡୁଛି ଅସନା ଅସଜଡ଼ା ପରିତ୍ୟକ୍ତ ଘର।

ଉଠ ଲାବଣ୍ୟମୟୀ, ଭରା ଶ୍ରାବଣରେ
ଏଥର ସହଳ ଉଠ

ଭୁଲି ଯାଅ ସ୍ୱପ୍ନ ଜରଜର ଅଶ୍ଳୀଳ
ଅତୀତକୁ, ଭୁଲି ଯାଅ ପ୍ରଥମ ପ୍ରେମର
ମଧୁର ସ୍ପର୍ଶକୁ, ଭୁଲି ଯାଅ ରୁଟିନ୍‌ବଂଧା
ବିରକ୍ତିକର ଜୀବନଚର୍ଯ୍ୟାକୁ, ନୀତିଭ୍ରଷ୍ଟ
ଲୋକ ଦେଖାଣିଆ ଫମ୍‌ପା ଆଦର୍ଶବାଦକୁ
ଅଧଃସ୍ତନଂକ ମୁଖାପିଂଧା ଅଭିନୟକୁ,
ଭୁଲି ଯାଅ ସ୍ୱପ୍ନ ଜରଜର ସ୍ମୃତି ମଧୁର
ଅତୀତ ଓ ଅନିଶ୍ଚିତ ଅନାଗତ ଭବିଷ୍ୟତକୁ।

ଉଠ ମାନମୟୀ, ମେଘମୟ ଆକାଶର
ଗାଢ଼ ନୀଳ ଲଫାପାରେ
ସୁନେଲୀ ସ୍ୟାହିରେ ଗୋଲଗୋଲ ହସ୍ତାକ୍ଷର
ଲେଖୁଛି ଲଂପଟ ସୂର୍ଯ୍ୟ,
ସବୁଜିମାର ଚହଟ ଚିକ୍କଣ ଗଭାରେ ଗଜରା
ବାଂଧୁଛି ବିଟପୀ କୁଳ ଭୁଆସୁଣୀ,
ପରମ ବୈରାଗ୍ୟରେ ଶହେ ଆଠ ରୁଦ୍ରାକ୍ଷ
ମାଳା ଗଡ଼ାଉଛି ବୁଢ଼ି ଠାକୁରାଣୀ।

ଉଠ ଏଥର, କୋଟି କଳ୍ପନାର ଅନାହତପୁରରୁ
ଉଠି ଆସ ଅଳସ ଛଂଦରେ !

ଖରଖର ଜୁଆରିଆ ଶୀତଳ ପବନ
ସନସନ ଶୃଂଗାରର ମଧୁର କଂପନ
ମୌସୁମୀ ହାୱାର ମଧୁଗଂଧ ମହକ
ଋତୁ ବୈତରଣୀର ଅଂନତ ଅଭିସାର
ଅନେକ ଘଟଣାମାନ
ଘଟି ବସିବାକୁ ଆରଂଭିଲାଣି
ସମୟର ମଧୁବନରେ।

ଅଥଚ, ତମେ ନ ଆସୁଥିଲେ ବି ପ୍ରତି
ମୁହୂର୍ତ୍ତରେ ସଂତର୍ପଣେ ଆସୁଥିବା ପରି
ମନେ ହୁଏ ଯେମିତି, ମେଘପୁଂଜରେ
ମହ୍ଲାର ରାଗିଣୀରେ, ଶ୍ରମରେ, ସାଧନା
ଓ ସିଦ୍ଧିରେ, ମୁହୁର୍ମୁହୁଃ ଶ୍ୱାସ ପ୍ରଶ୍ୱାସରେ,
ସମର୍ପଣ ମୁଦ୍ରାରେ, ମଦ ଓ ମାତ୍ସାର୍ଯ୍ୟରେ
ପ୍ରଗ୍ୟାଂ ଓ ପୁରୁଷାର୍ଥରେ ତମ ଶୁଭ
ଆଗମନର ସ୍ୱାଗତିକା,
ମଧୁଚଂଦ୍ରିକା ରାତିର ପାର୍ବଣରେ ତମ
ସ୍ପର୍ଶର ମଧୁର ମାଦକତା।

ଉଠ, ଅଭିସାର ସାରି ସହଳ ସହଳ ଉଠି
ଆସ ଦେବୀ ମାହେଂଦ୍ର ବେଳାରେ
ଦେହ ମନ ଜରଜର ମଧୁଭରା ମଧୁ
ଯାମିନୀରେ, ତମରି ସ୍ମୃତିରେ।

■■

ସେ ଦୁହେଁ ଆସିଲା ପରେ

ଆଗ ପଛ ହୋଇ ଲବ କୁଶ ପରି ସେ'
ଦୁହେଁ ଆସିଲା ବେଳକୁ ମୁଁ ଯେ'
ଏଠି ଥିବି ସେକଥା ସ୍ୱପ୍ନରେ ଭାବି ନଥିଲି
ଘରଦ୍ୱାର ପିଲା କବିଲାଂକ ମୋହମାୟା
ତୁଟେଇ ବାନପ୍ରସ୍ଥରେ ଯିବାକୁ କେବେ ଠୁଁ
ସଜବାଜ ହୋଇ ବସିଥିଲି ।

ବହୁ ବର୍ଷ ତଳୁ ଯେଉଁ ଅପହଂଚ ଜାଗାକୁ
ଯିବାକୁ ନିଜେକୁ ନିଜେ ପ୍ରସ୍ତୁତ କରି ରଖିଥିଲି
ତରବରରେ ସେଠି ପହଂଚିଲା ବେଳକୁ ମୁଂଡ଼
ଗୁଂଜିବାକୁ ଯେ' ଜାଗା ଟିକେ ମିଳିବନି
ସେ କଥା ଯିବା ପୂର୍ବରୁ କଣ ମୁଁ ଜାଣିଥିଲି ।

ଦିନ ବାର କି, ନିର୍ଦ୍ଦିଷ୍ଟ ତାରିଖ ପୂର୍ବରୁ
ଭିନ୍ନ ଭିନ୍ନ ତିଥି ରାଶି ନକ୍ଷତ୍ର ଓ କାଳ ବେଳ

ଦେଖି ସଲାସୁତୁରାରେ ସେ ଦୁହେଁ ଆସି
ପହଂଚିଲେ, ଏଇ ଜନ୍ମ ଓ ଜନ୍ମ ପୂର୍ବବର୍ତ୍ତୀ
ଜନ୍ମମାନଂକରେ ଦୁହିଂକ ଭିତରେ କି
ମାୟାମମତାର ଡୋରୀ ଥିଲା କେଜାଣି
ଗୁଣିଗାରେଡ଼ିରେ ବଶ କରି କଳେବଳେ
ଲକ୍ଷ୍ୟସ୍ଥଳୀରୁ ମତେ ଫେରେଇ ଆଣିଲେ ।

ମୁହଁକୁ ମୁହଁ ଦିଶୁ ନଥିବା କଳା
କିଟିମିଟି ଝଡ଼ି ବର୍ଷା ରାତିରେ ଭଦ୍ର
ଅତିଥି ପରି ପ୍ରଥମେ ରାହୁଲ୍ ଆସି
ପହଂଚିଲା । ସେ ଆସିଲାବେଳକୁ
ଘମାଘୋଟ କଳା ହାଂଡ଼ିଆ ମେଘ କୋଉଠି
ଥିଲା କେଜାଣି ସାରା ଆକାଶକୁ ଢାଂକି ଦେଲା
ପ୍ରଳୟ ଜଳରେ ଯେ' ଖଂଡ଼ମଂଡ଼ଳ
ଉବୁଟୁବୁ ହୋଇ ଫାଟି ପଡୁଥିଲା,
ଉତ୍ତାଳ ତରଂଗ ମାଳାରେ ଭଜାଣି ଯମୁନା
କୂଳ ଲଂଘି ଯେଣେ ଇଚ୍ଛା ତେଣେ
ବୋହି ଗଲା ।

ପ୍ରଥମ କି, ଅଷ୍ଟମ ଗର୍ଭର ନବଜାତ
ଶିଶୁ ପୁତ୍ର ପରି ରାହୁଲ ଆସି ଏ
ଭୂମିରେ ପାଦ ଦେଲା ଅଥଚ, ଜାଣିବାକୁ
ମୋର କୌଣସି ଚାରା ନ ଥିଲା ।

ରାହୁଲ ଆସିଲାବେଳେ କ୍ଷଣକୋପୀ ଦୁର୍ବାସା
ଋଷିଂକ ପରି ଦିଶୁଥିଲା, ବଜ୍ରଠୁ କଠିନ ଦୁଇ
କୁନିକୁନି ହାତ ମୁଠାମୁଠା କରି
ଅର୍ଜିତ ସଂସାରକୁ ହୁଲସ୍ଥୁଲ୍ କଲା ।

ବାରଯାତ୍ରା ନ ଯାଉଣୁ ସପ୍ତାହ ଭିତରେ
ସକାଳ କୁଣିଆଁ ପରି ରୋହନ୍ ଏଠି ଆସି
ପହଂଚିବ ବୋଲି କାହାକୁ କ'ଣ ଜଣାଥିଲା ?
ନା, କୋଉ ଅଭିଗ୍ୟଂ ଜ୍ୟୋତିର୍ବିଦ୍ ପୂର୍ବ ଗଣନା
କରି ତା ଆସିବା ବାର୍ତ୍ତା ଦେଇଥିଲା ?

ସେ ଆସିବା କ୍ଷଣି ନିବିଡ଼ ଆକାଶ ରଣିଫୁଲିଆ
ଜହ୍ନ ରାତି ପରି ଝଲସି ଉଠିଲା, କୋଉ ନ ଥିବା
ଅଂତରୀକ୍ଷରୁ ରଂଗବେରଂଗର କୁଢ଼କୁଢ଼
ଫୁଲ ବର୍ଷା ହେଲା, ତା ଓଠର ନିଖୋଳା
ହସରେ ଉଜୁଡ଼ା ସଂସାରର ଭିତର
ବାହାର ସ୍ଫଟିକ ଖଚିତ ଦ୍ୱୀପାମାଳା ପରି
କ୍ଷଣୁକ୍ଷଣ ଝଲସିଲା ।

ଆଗପଛ ହୋଇ ସେ ଦୁହିଂକ ଆସିବା
ଯଦି ଅବଧାର୍ଯ୍ୟ ଥିଲା ଦୁହେଁ ହେଲେ
ଆସିଥାଂତେ ଠିକ୍ ମୋ' ଯିବା ବେଳକୁ
ଦେଖି ନ ଦେଖିଲା ପରି ମୁଁ ଡଗଡ଼ଗ ହୋଇ
ଚାଲି ଯାଇଥାଂତି ସ୍ଥିରୀକୃତ ଗଂତବ୍ୟ ସ୍ଥଳକୁ
ଲୋକ ଦେଖାଣିଆ ଭାବେ ନିଷ୍ପ୍ରାଣ ଜଡ଼ ପିଂଡ଼
ମୋର ପଡ଼ି ରହିଥାଂତା ଏଠି ସେ ଦୁହେଁ ଆସିଲା ବେଳକୁ ।

ବସ୍ତ୍ରହରଣ

ବସ୍ତ୍ରହରଣର ପର୍ବ କୋଉଠି ନା,
କୋଉଠି ଅନବରତ ଚାଲିଥାଏ
ଆମ ଅଗ୍ୟାଂତସାରରେ ।

ଏରସମାର ଛପର ନ ଥିବା ଝାଟିମାଟିର
ଘରେ, ତାସ୍‌ମୁଠା ପରି ଗୋଟି ପଣେ
ଫେଂଟାଫେଂଟି ହୋଇ ଯାଇଥିବା
ଭୁଜ୍‌ରେ, ତାଳ ତମାଳ ବନରେ ଲୁଚିଛପି
ରହିଥିବା ଫେଂଠକଟାର ନୋଳିଆ
ବସ୍ତିରେ, ମନ ନୁହେଁ, ଦେହ କିଣାବିକା
ଚାଲିଥିବା ସୁପର୍ଣଖାମାନଂକ ଭୂ-ସ୍ୱର୍ଗ
ମାଳି ସାହିରେ କୋଉଠି ନା, କୋଉଠି
ଅନବରତ ପର୍ବ ଚାଲିଥାଏ
ଆମ ଅଗ୍ୟାଂତସାରରେ ।

ବସ୍ତ୍ର ଖଂଡ଼େ ବି ନାହିଁ ଦେହ
ଢାଂକିବାକୁ ରୁଧିରାକ୍ତ ଭାରତବର୍ଷରେ
ନିବସ୍ତ୍ର ଭାରତବର୍ଷ ଧୋବ ଫରଫର
ଜହ୍ନାଲୋକ ପରି ଉଦୁଉଦୁ ଲଂଗଳା
ଭାରତବର୍ଷରେ ପୁଣି ନାହିଁ ନ ଥିବା
ବସ୍ତ୍ରହରଣର ପର୍ବ, ଏ ଗୋଟେ କୋଉ କଥାର କଥା ଯେ !

କାହାର ବସ୍ତ୍ର ? କିଏ ହରଣ କରୁଛି
ଭରା ସଭାରେ ?
ପଂଚ ପତିବ୍ରତା ରାଜମହିଷୀ ଦ୍ରୌପଦୀର ?
ଶାପଗ୍ରସ୍ତା କିଂକର୍ତ୍ତବ୍ୟହୀନା ଅହଲ୍ୟାର ?
ନା, ସଲପ ନିଶାରେ ଟଳମଳ ବୋରିଗୁମାର
ଝୁଂପା ମାଝିର ?
କାହାର ବସ୍ତ୍ର ? କିଏ ହରଣ କରୁଛି
ଭରା ସଭାରେ ? ଅଗ୍ୟାଂତସାରରେ ?

ଛିଟକନାର ଫ୍ରକ୍ ପିଂଧି ସଜବାଜ ହୋଇ
ବସି ରହିଛି କୁଆଁରୀ ଆକାଶ
ବସ୍ତ୍ରହରଣ ପର୍ବ ଦେଖିବାକୁ ।

ଝାପ୍‌ସା ଝାପ୍‌ସା ଚଂଦ୍ରାଲୋକରେ
ବିରହୀ ବଂଶୀର ବ୍ୟାକୁଳ ସ୍ୱର ମହ୍ଲାର ରାଗରେ
ଦକ୍ଷିଣୀ ହାୱାର ଚଳଚଂଚଳ ଚପଳ ଲାସ୍ୟରେ
ଉଜାଣୀ ଯମୁନାର ନିଶ୍ଚଳ ଅଘାଟ ଘାଟରେ
ଚଉଷଠି ବଂଧର କଳା ନୈପୁଣ୍ୟରେ,
ଷୋଳ ସହସ୍ର ଗୋପାଂଗନାଂକ ମଦମତ୍ତ
ମେଳେ ବସ୍ତ୍ରହରଣର ପର୍ବ ଅହରହ
ଚାଲିଥାଏ ସଭାଜନେ ଆମ ଅଗ୍ୟାଂତସାରରେ ।

ବସ୍ତ୍ର ଥିଲେ ତ ହରଣ କରିବ !
ନୀବିବଂଧରୁ ରାଜକୀୟ ଠାଣିରେ ଧୀରେ ଧୀରେ...
କେହି ଜଣେ ଜହ୍ଲାଦ ପ୍ରସ୍ତ ପ୍ରସ୍ତ ଅଂଗବାସ
ଖୋଲି ଦେଉଥିବ ନିର୍ଭୟରେ

ବସ୍ତ୍ର ଥିଲେ ତ ନୂଆ କୁରୁକ୍ଷେତ୍ର
ସୃଷ୍ଟି ହେଉଥିବ ଶହ ଶହ ବିମୂଢ଼
ଦର୍ଶକଂକ ମେଳେ

ଲାଲ ଟୁକୁଟୁକୁ ନିଟୋଳ ଶରୀର
ନିରାଭରଣ ନ ହେବା ଯାଏଁ ନିବୀର୍ଯ୍ୟ
ନ ହେବା ଯାଏଁ
ପର୍ବ ଚାଲିଥିବ ଅଗ୍ୟାଂତସାରରେ ।

ବସ୍ତ୍ର ଥିଲେ ତ ହରଣ ଗୁଣନର ପ୍ରଶ୍ନ
ଉଠିବ, ବସ୍ତ୍ର ଥିଲେ ତ ॥

ଅବସର

ଯୁଆଡ଼େ ଚାହୁଁଛ ଯାଅ ଏଥର ସନାତନ।

ନିଡ଼ର ନିର୍ଭୟରେ ଯାଅ, ଜରା ମରଣର
ଶରୀରକୁ ନିଜ କାଂଧରେ ବୋହି ଯାଅ
ଯାଅ, ଶିଖରକୁ ଶିଖରକୁ
ଯାଅ, ଗଭୀରରୁ ଗଭୀରତମକୁ
ଯାଅ, ଅତଳ ବିତଳ ସୁତଳ ପାତାଳ
ତଳାତଳକୁ ଯାଅ ସନାତନ, ଯାଅ।

ବଂଦ ଘରର ସବୁ ଝର୍କା କବାଟ ଖୋଲା ରଖ
ସନାତନ ନୂଆ ସକାଳ ଓ ପ୍ରାଚୀନ ସଂଧ୍ୟାର
ବର୍ଣ୍ଣାଢ୍ୟ ମହୋତ୍ସବ ପାଇଁ
ଭିଣା ତୁଳା ପରି ଉଡ଼ିଉଡ଼ି ଯିବ ତ
ଯାଅ, ସବୁ ରାସ୍ତା ତମ ପାଇଁ ଉଦୁଉଦୁ

ଲଂଗଳା ଯୁଆଡ଼େ ଇଚ୍ଛା ସିଆଡ଼େ
ଯାଅ ସନାତନ।

କାହାକୁ ଅପେକ୍ଷା କରି ରହିଛ ?
କେହି ଆସିବାର ନାହିଁ
କାହାର ଏଠୁ ଯିବାର ନାହିଁ।

ନିଡ଼ର ନିର୍ଭୟ ବେଳ
ନିର୍ଦ୍ଦେଶ ନାହିଁ, ଆଦେଶ ନାହିଁ
ରକ୍ତଚାପ ଆଉ ବଢ଼ିବାର ନାହିଁ।

ଦ୍ରୁତ ଅଶ୍ୱାରୋହୀ ପରି ପବନ ବେଗରେ
ଯାଅ, ଯାଅ ଶିଖରରୁ ଶିଖରକୁ
ଯାଅ, ଗଭୀରରୁ ଗଭୀରତମକୁ
ଯାଅ, ତଳ ଅତଳ ସୁତଳ ବିତଳ
ପାତାଳ ଓ ରସାତଳକୁ।

ସବା ଶେଷ ପ୍ରଶ୍ନଟି
ଦିନେ ନା, ଦିନେ କେହି ନା କେହି
ଜଣେ ତମକୁ ପଚାରି ଦେବ ସେଥିପାଇଁ
ପ୍ରସ୍ତୁତ କରି ରଖ ନିଜକୁ ସନାତନ।

ପ୍ରଶ୍ନ ପଚାରୁଥିବା ବିମୂଢ଼ ମଣିଷକୁ
ପାରିବ ଯଦି ତ ଦଂଡ଼େ ନିରେଖି ଦେଖିବ,
ସଂଭ୍ରାଂତ ଠାଣିରେ ଟିକେ ହସି ଦେଇ
ଏକ ମୁହାଁ ହୋଇ ଆଗକୁ ଆଗକୁ ବଢ଼ିବ
ଅବାଧ ପବନ ପରି ସଚରାଚର ଖେଳିଯିବ
ନିରଭ୍ର ଆକାଶ ଭଳି ଆବଶ୍ୟକ ବେଳେ
ମୌନ ରହିବ।

ଯେମିତି ଟେଲିଫୋନ୍ ତାରରୁ
ଖଂଡ଼ି ଉଡ଼ା ଦେଇ ଉଡ଼ି ବୁଲୁଥିବା
ହଳଦୀ ବସଂତ
ଯେମିତି ଫୁଲ ପାଖୁଡ଼ାରେ ବଂଦୀର
ଜୀବନ କାଟୁଥିବା ବୈରାଗୀ ଭ୍ରମର
ସେମିତି ବିଚରା ସନାତନ ।

ଦେଖ, ଦେଖ ସନାତନ ।

ଚଉକାତ ମେଲି କେମିତି କୋକେଇରେ
ପାଦ ଠୁଁ କପାଳ ଯାଏଁ ଘୋଡ଼ିଘାଡ଼ି
ଶୋଇ ରହିଛି ତମ ବାଲ୍ୟବଂଧୁ ଘନଶ୍ୟାମ ।

ଚତୁରେ ଚତୁରେ କେମିତି ଚାଲିଛି ଏଠି
ଜୀବନ ଓ ମୃତ୍ୟୁର ଲୁଚକାଳି ଖେଳ ।

କେମିତି ନିଜ ପଛେପଛେ ଛାଇ ପରି
ଧଇଁସଇଁ ହୋଇ ଧାଉଁଛି ନୀଳ ନିର୍ବାତ କାଳ ।

ଯୁଆଡ଼େ ଚାହୁଁଛ ଯାଅ ଏଥର ସନାତନ
କେହି ଖୋଜିବାକୁ ନାହିଁ, କେହି ଲୋଡ଼ିବାକୁ
ନାହିଁ ତମକୁ ଏଠି ସନାତନ
ଯାଅ, ଯୁଆଡ଼େ ଇଛା ଯାଅ ସନାତନ ।

■■

www.ingramcontent.com/pod-product-compliance
Lightning Source LLC
Chambersburg PA
CBHW031123080526
44587CB00011B/1093